Della stessa autrice
(anche in ebook)

Di troppo amore

AMEYA GABRIELLA CANOVI

DI TROPPA (O POCA) FAMIGLIA

Sperling & Kupfer

Pubblicato per

Sperling & Kupfer

da Mondadori Libri S.p.A.

DI TROPPA (O POCA) FAMIGLIA
Pubblicato in accordo con Grandi & Associati, Milano

ISBN 978-88-200-7689-4

I Edizione aprile 2023

Anno 2023-2024-2025 - Edizione 1 2 3 4 5 6 7 8 9 10

A Francesco e Merina, mie forti radici.
A Irene e Aurora, che possiate sempre, prima di tutto,
essere famiglia a voi stesse.

Indice

Dove eravamo rimasti?

Chi mi segue sa che, in diverse sedi, ho trattato e tratto ogni giorno il tema della dipendenza affettiva, un costrutto molto sfuggente e ancora poco indagato dalla comunità scientifica; costrutto che, tuttavia, rischia di essere banalizzato e frainteso da quelle pagine social che fanno della colpevolizzazione dell'altro il loro baluardo acchiappalike.

Nel mio primo libro ho scritto di relazioni, in particolare di quelle collose e molto dolorose, caratterizzate appunto da una dipendenza affettiva: ben lontane da essere amore, si evidenziano per il non saper vivere «più di un'ora senza te», come recita la nota canzone. Visto il grande interesse suscitato dal tema, ho deciso di approfondire puntando i riflettori laddove, a mio avviso, tutto inizia: la famiglia.

Altolà. Questo significa attribuire colpe e puntare un dito accusatorio verso chi ci ha messo al mondo? No, no, stiamo tranquilli, tutto il contrario. Come non mi stanco mai di ripetere, l'intento di questa analisi delle nostre radici nasce proprio per il motivo opposto: conoscere, elaborare per procedere più leggeri e responsabili. Poiché fino a quando continueremo a guardare fuori – l'altro, la famiglia, la società – perderemo sempre di vista noi stessi.

Ecco la ragione di questa trattazione.

So che è un invito impopolare: sul web e sulla carta scritta, ciò che suscita entusiasmo è urlare contro, piuttosto che guardarsi dentro. Qui, invece, parleremo di noi e di chi ci precede, per poter aggiungere con consapevolezza il nostro contributo, una volta compresa la nostra storia e i meccanismi che ci attorcigliano.

Per me la famiglia è prima di tutto un posto. Per alcuni è un rifugio accogliente, una base solida e certa. Per altri uno spazio negato, desiderato, perduto. O mai avuto. Perciò, potremmo dire che la famiglia è un luogo, ma per qualcuno è un non luogo. Che ci piaccia o no, è nella famiglia che accade tutto. Anche nella sua assenza. Questo testo riguarda dunque ognuno di noi: profughi, orfani affettivi o fieri discendenti.

Ciò che faremo è guardare: con un cannocchiale, per ritrovare la famiglia che ci ha preceduto e individuare quello che ci portiamo dentro e molto spesso ci spinge verso legami malsani; con un microscopio, per concentrarci sulle nostre relazioni, sulla famiglia che abbiamo o non abbiamo ancora costituito.

E chi, infatti, una famiglia nuova di zecca non ce l'ha?

Spesso nella mia professione di psicologa mi sento dire dai pazienti: «Dottoressa, io non ho una famiglia». È anche per loro che ho pensato questo libro, perché famiglia si è prima di tutto con se stessi. Siamo la somma delle storie che sono venute prima di noi; la famiglia nucleare è di fatto un condominio di persone ed eventi precedenti.

Non troveremo qui giudizi e ricette per come deve o non deve essere la vita di ognuno. Faremo, invece, un viaggio nelle dinamiche familiari che è facile portarsi appresso quando scegliamo un partner, o quando ci ritroviamo a scappare a gambe levate da una relazione.

Come ci addentreremo in questo viaggio?

Il testo è strutturato in parti che si intrecciano tra loro.

La parte discorsiva. Farà da collante tra le altre e servirà a comprendere le dinamiche intrafamiliari, al fine di scoprire quei mancati snodi che ci spingeranno da adulti ad aggrapparci agli altri. Autonomia e dipendenza governano infatti il nostro dialogo col mondo esterno. Scopriremo quali sono le caratteristiche principali di quei movimenti familiari che, ci piaccia o no, determinano e influenzano il nostro avvenire attraverso mandati e consegne che ci vengono assegnati.

Le storie dei testimoni. Analizzerò in questa parte alcune testimonianze, grazie ai racconti autorizzati dei miei pazienti, o particolari presi a spunto da storie vere, che diventeranno un coro di voci e vicende vissute di una stessa narrazione. I personaggi hanno nomi differenti ma, leggendo, vedrai che presto diventeranno un'unica persona, rappresentando così il racconto dell'umanità intera, in cui tutti noi ci riconosceremo a livelli e intensità diverse. Una galleria di personaggi e archetipi esemplificativi che si trasforma in un prisma e in cui ognuno potrà in parte specchiarsi.

I quadri. Durante la stesura del libro, talvolta riaffioravano ricordi della mia storia familiare. Alcuni non sono ancora pronta a raccontarli, mentre altri sono divenuti fotografie racchiuse nell'album della tristezza, o della gioia, o del divertimento. Quadri ben nitidi nella galleria della memoria. Per quanto possa essere storta la nostra storia, se siamo qui oggi qualcosa di buono deve pur esserci stato.

Pensiamoci. Sono solita dialogare con le persone, pazienti o lettori dei miei canali social. Amo lasciare sospese le riflessioni, che concludo sempre con un invito: pensiamoci. Perciò, ho deciso di farne un *leitmotiv* del libro. Ricorrono dunque nel testo queste soste riflessive, dove chi legge potrà fermarsi per un po' e interrogarsi sui propri vissuti.

Una precisazione: questo scritto non intende essere una dissertazione scientifica, per la quale si rimanda all'ampia letteratura di ricerca accademica sulla terapia familiare. Né parleremo qui degli aspetti patologici o disfunzionali, per cui occorrono figure terapeutiche ben precise e altri tipi di testi in cui sono riportati studi scientifici. Il libro vuole essere invece un'opera di divulgazione, un pensare insieme a voce alta e corale.

Parleremo di chi ci mette al mondo e condiziona il nostro starci dentro: la famiglia. E di come alcune pratiche, sviste e mal dosature dell'affetto possano creare ferite che ritroveremo poi in maniera vivida nelle nostre relazioni adulte, sotto forma di quell'incastro affettivo ben noto a chi lo prova o lo ha provato. Qui vogliamo cogliere quegli aspetti cangianti e complessi che caratterizzano l'affettività familiare, che si tramuta talvolta in dipendenza. Lo scopo è di suscitare una riflessione in chi legge, in modo che ognuno possa allargare lo sguardo sulla propria storia personale, con una lente che abbraccia anche le storie di chi c'è stato prima e che ci hanno portato a essere chi siamo.

#Quadro n. 1

Geometrie storte

Della mia famiglia di origine conoscevo soltanto la metà. E mi sembrava normale così. Sono nata e cresciuta in Brasile, da genitori emigrati per lavoro. Non avere nonni o zii vicini era naturale, anzi mi sembrava strano che i miei compagni di scuola li avessero e ne parlassero. Io avevo mia madre, e sapevo a malapena qualcosa su di lei. Di mio padre possedevo poco o niente; la sua parte di famiglia, che avrebbe dovuto completare la mia origine, non l'ho mai conosciuta. Né imparata.

Per me, il concetto di «parenti» significava un pacchetto dall'imballaggio morbido che arrivava per posta dall'Italia, legato con la corda e avvolto nella carta giallina che sembrava quella del macellaio. Era una festa. Dentro c'erano sempre le stesse cose: un foulard di seta pura, il profumo Pino Silvestre, due scatoline monoporzione di Nutella che arrivava tutta strana, come se si fosse sciolta e poi ricomposta. Sul pacco era incollata un'etichetta blu con scritto VIA AEREA; mia madre andava a ritirarlo con fare solenne. A mandarlo era sua sorella. Così, sapevo dell'esistenza di una nonna cieca, la madre di mia madre e di mia zia, che stava sempre seduta in silenzio, di una cugina e suo padre. Loro erano una famiglia intera, e lontanissima, raggiungibile solo «via aerea».

Fino a quando iniziai il mio percorso di studi in psicologia sociale non mi ero posta il problema di che famiglia avessi. Ne sentivo soltanto il dolore, sordo e sommerso, che talvolta si evidenziava in superficie sotto forma di rabbia o di pretesa nelle mie relazioni. Perché, ho imparato solo poi, il dolore che non è stato guardato e sviscerato resta occulto e silente dentro di noi per anni, per manifestarsi con picchi improvvisi e tumultuosi, come un uragano emotivo pronto a travolgere coloro che chiamiamo «i nostri cari», e non solo.

A rischio di pagare i nostri irrisolti è soprattutto il partner di turno, che verrà adescato dall'uncino della nostra dipendenza affettiva.

Ho inoltre compreso che alla geometria familiare ci abituiamo. Che sia scomposta, unita, coesa, illesa o deturpata, è così che la troviamo e conosciamo quando nasciamo e mentre cresciamo. E ci parrà un dato di fatto.

Che ci fosse qualcosa di strano e di troppo poco nella mia famiglia l'ho capito piano piano: era composta da me, da mia madre e da un padre girovago, che non abitava con noi se non per poche ore all'anno. Lui era distante geograficamente, ma io lo amavo da vicino, in maniera struggente.

Come dicevo, alla nostra famiglia diventiamo assuefatti. Se i componenti sono grandi lavoratori o malviventi per un bambino non fa differenza, quello è il suo universo di riferimento. Il mio era piccolissimo: io e mia madre. E la nostalgia per mio padre.

A pensarci bene, però, a tavola eravamo sempre in quattro: oltre a me e la mancanza di mio padre, c'erano mia madre e il suo dolore.

Poi, il nostro cerchio allargato era costituito dalle clienti del negozio di parrucchiera di mia madre, dove sono in pratica nata e cresciuta, dalle sue lavoranti e da una piccolissima comunità italiana che consideravo i miei «parenti». Chiamavo «nonna Ines» una signora di Modena che aveva un ristorante italiano a fianco al nostro negozio. Mi sembrava nata già anziana, con lo chignon e il profumo di colonia inglese. Rimasta vedova, lei e i suoi tre figli erano venuti in Brasile con una valigia di cartone, mi raccontava mia madre, e avevano fatto fortuna aprendo vari ristoranti. Lei era la mia madrina, e per me, appunto, una nonna. Il mio padrino era un anziano signore di Genova, che dirigeva il ristorante: nonno Giovanni. Erano punti di riferimento di un mondo minuscolo. Non ci si frequentava fuori dal negozio. Non ho mai visto le loro case, bastava sapere che esistevano. Quando vivi all'estero, cerchi in maniera simbolica di fare branco con chi percepisci simile a te, poiché è facile sentirsi molto soli e disuniti. E vai a cercarti un «posto» che puoi chiamare casa, e famiglia, perché ne hai un grande bisogno.

Questa fame di famiglia mi è rimasta ben chiara dentro.

Ne avevo poi una brasiliana di supporto, alla quale avrei tanto voluto appartenere: quella del portinaio, che abitava all'ultimo piano nell'edificio del salone. Loro mi apparivano come quadro completo, c'erano un padre e una madre entrambi presenti, curavano la casa e le quattro figlie. Quella famiglia mi sembrava ricca di affetti, di legami, piena, insomma. Di quel pieno che a me mancava.

Di solito a Belo Horizonte stavo in negozio con mia madre, partivamo a piedi da Avenida Augusto de Lima e andavamo nel salone, dove rimanevamo fino a sera. Portavamo un contenitore con dentro pasta al ragù, una bistecca e due pomodori, oppure riso in bianco.

Quello era il mio mondo. Quando mia madre mi autorizzava, salivo a casa del portinaio per stare con le figlie. Erano tutte bellissime ai miei occhi, con una vita zeppa di amiche.

Anche le amicizie sono una specie di famiglia. Io di amiche ne avevo soltanto tre, tutte cicciottelle, Cerise, Claudia e Denise. Erano bambine sparse, che frequentavo in maniera saltuaria e un po' tristi come me. Ora che ci penso, per tutta la vita ho avuto amiche sovrappeso (il mio peso corporeo era nella norma all'epoca, ma la mia malinconia pesava tantissimo, credo). Nasceva un legame spontaneo, una sorta di riconoscimento tra simili, come se ci accomunasse una certa zoppia emotiva appena accennata.

Forse era una fame che avevamo dentro: di occhi che non ci avevano guardate dalla giusta distanza per vederci.

Osservavo l'universo delle quattro figlie del portinaio con gli occhi di una bambina che tutte quelle cose non le aveva, come si guarda una serie tv dove si racconta una vita che sentiamo desiderabile, ma lontana ed estranea. Ne seguivo le trame, gli accadimenti. A volte inventavo episodi e storie per rendermi visibile, per fingere una vita ricamata che io e mia madre non avevamo.

1

La famiglia, perché?

«All'infanzia non si sfugge,
resta attaccata addosso come un odore.»

Tove Ditlevsen

Ha senso oggi scrivere di famiglia?

Il concetto pare più che mai sfumato e nebbioso, come un ologramma. Più ci avviciniamo per osservarlo, più ciò che tentiamo di classificare ci sfugge, ed è già mutato nel mentre. Pertanto è lecito chiedersi: un altro scritto sulla famiglia, perché?

Perché da lì non si scappa: lì ci confondiamo, ci perdiamo, ci fortifichiamo.

Il titolo di questo libro è volutamente provocatorio. Tanta, troppa o troppo poca, tutti abbiamo una famiglia. Non solo: è il primo posto dove apprendiamo a vivere, per poi proseguire.

Se siamo al mondo, siamo figli. Procreare, poi, è una possibilità, una scelta.

La mia famiglia mi ha sempre sanguinato dentro, fino a quando non ho fatto pace con la mia storia, ricucendo all'indietro tutti gli strappi che mi portavano ad avere relazioni caratterizzate da un troppo, da un attaccamento che sapeva di freddo e di fame. Come psicologa, ho potuto riconoscere quella stessa fame nei miei pazienti, pieni di lacerazioni che li inducono a battezzare il partner come unica ragione di vita. Non importa il prezzo.

Ecco la ragione per cui ho scelto di studiare a fondo questo tema. Ciò che ho imparato non l'ho appreso solo dalla comunità scientifica e dagli approfondimenti nel mio percorso professionale, l'ho anche guardato dentro di me e ritrovato sotto varie sfaccettature nelle storie di chi ascolto ogni giorno per lavoro.

Mi occupo di relazioni da più di vent'anni, nello specifico di dipendenza affettiva, e incontrando nel corso del tempo centinaia di persone mi sono accorta che nella stanza del colloquio (fisica o virtuale) c'erano sempre altri individui sullo sfondo, oltre ai due della coppia sofferente che mi venivano descritti. Sommati al paziente, vedevo dietro di lui i suoi familiari, come un bosco di appartenenza abitato dalla sua progenie, da cui derivavano condizionamenti, schemi, copioni, credenze, apparenti destini. Da qui la necessità di indagare la connessione tra i rapporti che instauriamo da adulti e il «luogo» dove li abbiamo imparati da piccoli: la famiglia.

Equazioni affettive

Uno più uno non fa due.

Uno più uno fa tre, come sostengono i terapeuti sistemici della coppia: due partner più la relazione.

Possiamo aggiungere che uno più uno fa quattro: i due, più la famiglia di ognuno.

Infine, uno più uno fa sei, se contiamo ciascun genitore.

Se poi sommiamo anche il numero degli ex significativi, una relazione è una piazza affollata di fantasmi e voci invisibili, ma presenti. E, che ci piaccia o no, siamo chiamati a fare i conti con tutta questa gente.

Durante il mio dottorato di ricerca alla facoltà di Psicologia dell'educazione ho incrociato diverse scuole di pensiero e approcci teorici. Ho scelto di seguire quello sistemico-relazionale perché mi permette di guardare la persona da vicino pur tenendo presente, allo stesso tempo, il suo gruppo di riferimento più stretto: la famiglia appunto, e tutto ciò che implica.

L'aggregazione familiare obbedisce a regole, patti e convenzioni. È la sede primaria degli affetti, espressi, ricevuti, negati, non pervenuti o non percepiti. Nella famiglia sperimentiamo al contempo il bisogno di appartenenza e quello di individuazione. Lì siamo chiamati a coniugare vicinanza e distanza, e questo si rifletterà poi nella relazione adulta. E sempre lì ci poniamo le prime domande su noi stessi.

Lo psicologo sovietico Lev Semënovič Vygotskij nella sua breve vita ebbe a mio parere una delle intuizioni più utili per la psicologia dello sviluppo, che possiamo sintetizzare così: ogni cosa viene imparata due volte, una volta in modo collettivo all'interno del gruppo sociale, una seconda volta quando viene rielaborata e fatta propria. L'individuo, secondo Vygotskij, è Noi, prima di diventare Io.

È dunque innegabile l'importanza della famiglia per la nostra formazione, il nostro alfabeto emotivo e affettivo, ben descritto da Rodolfo de Bernart, psichiatra sistemico, nella trattazione «Il letto a sei piazze». Secondo il terapeuta, infatti, quando incontriamo il partner e intraprendiamo una storia d'amore, nel letto coniugale dovremo fare i conti, come detto sopra, con i genitori, che condizionano anche i rapporti sessuali della coppia con moniti, regole di comportamento, menù dei tabù e tutto l'insieme delle cose concesse, adeguate, opportune, o proibite, vietate, esecrabili. Non solo: ci sono anche i nonni e le storie sommate di chi è venuto prima. In pratica, un tempo credevamo di essere in tre a ballare l'hully gully (i due coniugi e l'effigie religiosa sopra il talamo), ora invece si sa che siamo molti di più.

Di rami e fioriture

Mi piace pensare alla famiglia come a un albero dai rami variegati, che insieme ad altri alberi forma un bosco.

La parte che più mi affascina dell'albero sono le radici: è da lì che tutto nasce e si sostenta. Mi rattrista vedere persone del tutto disconnesse dalle proprie. O, peggio ancora, che le rifiutano.

Nella mia pratica di psicologa utilizzo vari strumenti per far luce sulle dinamiche contorte dei pazienti. Una di queste si basa proprio sull'indagare la storia familiare attraverso il genogramma, uno strumento grafico ideato dallo psichiatra americano Murray Bowen alla fine degli anni Settanta, perfezionato poi da altri studiosi. Chiedo alla persona di ricostruire la propria storia segnando nel suo albero genealogico tutti i passaggi traumatici, gli eventi salienti, le morti precoci, le malattie, le eredità rubate, i figli illegittimi, gli aborti, le rotture importanti. Insomma, insieme riproduciamo uno schema ordinato con tutti gli eventi cruciali accaduti, che hanno accompagnato il paziente fino ad arrivare al momento presente. Perché tutti siamo portatori delle tracce di chi è venuto prima di noi.

Una recente serie televisiva, *Another Self*, ha fatto conoscere al grande pubblico la tecnica delle costellazioni sistemiche del teologo Bert Hellinger. Al di là del prodotto televisivo un po' semplice (non è questa la sede per poterne parlare in modo approfondito), la serie ha il pregio di portare lo spettatore a riflettere sul fatto che ciò che siamo o sentiamo ha spesso una matrice lontana nel tempo.

Il passato ci influenza, è un dato di fatto. Vediamo come.

Cerchi concentrici intessuti

La famiglia è un cerchio fatto di legami istituzionali, sociali e affettivi, vincoli di sangue e patti silenti.

Nel sistema familiare si impara la prima vita, ci si forma un'identità, si coniugano appartenenza e differenze. La famiglia è una realtà cangiante, in cui cambiamenti e strutture rigide coesistono: ognuna si coordina a modo suo nell'affrontare i compiti di sviluppo. Questa aggregazione di persone unite da un vincolo che spesso è risorsa, talvolta diventa capestro, altre volte un salvagente, o anche una condanna a vita.

Attorno alla famiglia si allargano cerchi più ampi, le sfere sociali di riferimento: la scuola, la parrocchia, il Comune, lo Stato. Dentro il nucleo familiare ce ne sono poi altri, sottosistemi, intrecci e alleanze che formano triangoli, diadi o squadre.

A volte in famiglia la squadra la dobbiamo fare da soli. E in questo caso, lo ribadiremo, è molto probabile che da adulti chiederemo simbolicamente a qualcuno di adottarci. Ovvio, non in maniera così esplicita, ma in sintesi è ciò che accade.

Volendo paragonare la famiglia a un tessuto, possiamo dire che esistono nuclei familiari a trame strette, che non lasciano passare nulla. Se le guardiamo da fuori, queste famiglie sembrano allacciate, i membri appaiono legati gli uni agli altri in maniera molto tenace. Le trame strette a volte sono invisibili, altre dichiarate: «Tu da qui non te ne andrai mai. Dovrai starmi vicino e curarmi fino alla fine dei miei giorni», sembra proprio essere il mandato per qualcuno, come vedremo.

Nelle famiglie che hanno un nucleo coeso non è permesso allontanarsi, non tanto su un piano logistico quanto da un punto di vista psicologico. I componenti non sono distinti tra loro, si presentano in un ammasso indifferenziato, ed è molto difficile per i figli trovare la propria individualità, poiché si percepiscono in un rapporto fusionale, in simbiosi gli uni con gli altri.

Per queste persone il clan è tutto, e faticheranno molto a crearne uno nuovo: la famiglia di origine rischia di essere preponderante per tutta la vita, e questo inciderà in modo significativo sulle relazioni adulte.

Cosa accade se la famiglia si impone troppo, intromettendosi e stringendo i figli in una morsa?

Un mazzo di chiavi

Altre famiglie si presentano, invece, a maglie larghe: qui è possibile transitare tra i vari cerchi, per poi ritornare al proprio. I componenti di questo tipo di nucleo familiare sono slegati come monadi, non hanno quasi contatti ed è facile che, per bisogno di appartenenza, vadano a ricercare affiliazioni in centri sociali, gruppi politici, anche sette religiose. Così come, non avendo avuto abbastanza famiglia, nella relazione di coppia talvolta cercheranno un genitore sostitutivo.

La dipendenza affettiva, dicevamo, può però manifestarsi non verso una singola persona ma riguardare un gruppo. Per questo il tema dei movimenti politici o religiosi è molto interessante se analizzato in rapporto alla famiglia; orfani di consanguinei, alcuni vagano in cerca di un nucleo in cui entrare a far parte. Se la coesione familiare è debole e frammentata può accadere che l'individuo scelga stili di vita ai margini, per esempio diventando clochard o affiliandosi a gruppi estremisti.

Il fenomeno delle sette è molto ampio ed esula da questa trattazione, tuttavia è possibile immaginare quanto una famiglia sfilacciata, a trame larghe, possa incidere sull'esigenza di andare alla ricerca di un padre o una madre (il capo spirituale), di fratelli o sorelle (gli altri seguaci) e di un decalogo di comandamenti a cui aderire. Ma questo può accadere anche dove, al contrario, il cerchio stringe troppo, generando nei componenti della famiglia una pulsione di fuga, un desiderio di evadere.

Sono convinta, per esperienza sul campo, che ogni troppo è generato da un troppo poco e che gli estremi opposti creino le stesse conseguenze. Una famiglia di persone disimpegnate, non interessate le une alle altre, procurerà le stesse carenze emotive di una che stringe i suoi membri in una morsa senza scampo.

Una sera, guardando un reality show, mi ha colpito il racconto di una concorrente. Parlava della sua famiglia, seguace di un movimento religioso con regole molto rigide. A sedici anni i genitori volevano che sposasse un componente del loro gruppo, in modo da restare sempre dentro il cerchio ristretto della confraternita. Lei si ribellò e loro la buttarono fuori di casa. La ragazza raccontava, piangendo e piena di vergogna, la propria disperazione nel trovarsi in strada senza un posto in cui andare. «È terribile non avere un mazzo di chiavi», ha detto.

Questa affermazione mi ha toccata nel profondo, facendomi riflettere.

Le chiavi di casa sono un simbolo potente. Si diventa «grandi» quando le si riceve, e stanno a indicare un'appartenenza, come a dire: «Sei dei nostri». Una specie di rituale con tanto di oggetto simbolo consegnato, le chiavi appunto. Farsele ridare o cambiare la serratura sono gesti dalla valenza emblematica, che possono essere brutali e violenti. Non avere le chiavi di casa significa in maniera simbolica essere estromessi, e questo genera una paura profonda che attanaglia e tiene incollati. Perciò, il bisogno di sentirsi parte del clan può portare a fare scelte contro se stessi. In caso di ribellione, come nell'episodio della concorrente del reality, c'è un prezzo affettivo ed emotivo molto alto da pagare.

Rimane un dato di fatto: la famiglia è un punto fermo riconosciuto o negato dentro la nostra psiche. I familiari possono essere sia motivo di orgoglio, qualcuno a cui restare fieramente uniti con spirito di squadra, sia ragione di profonda vergogna. In entrambi i casi, sarà difficile svincolarsene.

#Pensiamoci

Ti è mai successo di sentirti «fuori» dal tuo clan di appartenenza? Hai mai provato la sensazione di non avere quel mazzo di chiavi? L'idea ti spaventa?

#Quadro n. 2

Vergognati

Talvolta siamo così abituati ad avere vergogna di noi stessi che non ci facciamo nemmeno più caso.

Chi si vergogna lo sa, ma non lo dice.

Della mia non famiglia di origine mi sono sempre vergognata, ma ho cercato per una vita di non pensarci: si chiama «tentare di aggiustare il copione». Se dentro ci sentiamo molto feriti, andremo nel mondo con uno spirito di rivalsa. Per me il riscatto è stato lo studio. Chi ha una famiglia mutilata, o così la percepisce, si sente fuori posto dappertutto. Chi invece ha radici salde, sa più o meno chi è, e può sperimentare, esplorare, perché ha un suo posto dove tornare, a cui sente di appartenere. Io non sapevo dove andare se non dentro i libri, che poi sono le storie e i pensieri degli altri. E lì mi sono formata. Studiare mi riusciva bene, mio padre ci teneva tanto, mi chiedeva solo della scuola, nient'altro.

La vergogna è una patina trasparente che non va mai via.

2
Svincoli

«Non si cresce se non ci si differenzia,
ma non ci si può differenziare
se non si appartiene.»

MONICA VELLA e DANILO CAMILLOCCI

IMPARARE a coniugare l'essere insieme e lo stare divisi è uno dei compiti a cui siamo sottoposti in famiglia, organizzando e riorganizzando la vita in comune, a volte collaborando, altre facendo da soli, anche in segreto.

Le risorse familiari si evidenziano maggiormente in alcune situazioni, come il dover cooperare per la risoluzione di un problema, o il sapersi al contrario sganciare da una questione che non riguarda tutti ma un singolo.

Danzare tra roba mia, roba tua e roba nostra diventa un'arte.

Essere in grado di coordinarsi e far fronte comune è un talento del gruppo, ma anche essere capaci di mettersi da parte quando è necessario sviluppare una pelle resistente agli urti: troppo sostegno può trasformarsi in troppo zucchero, che diventa colloso e invischiante e non permette ai singoli di individuarsi. Troppo poco appoggio o coordinamento rischia invece di creare un ambiente smembrato e senza forze.

Il rischio delle trappole affettive nella famiglia è all'ordine del giorno: le insidie emotive, le correnti che trasportano tutti in alto in caso di una gioia condivisa, o in basso per una tragedia improvvisa. Anche questa è la magia dell'appartenenza:

quando si è contenti è meraviglioso, quando si soffre, si soffre di brutto.

La capacità di restare uniti e allo stesso tempo svincolati sarà un fattore protettivo per la salute mentale dell'intero nucleo familiare e favorirà relazioni adulte basate sul reciproco rispetto.

Occorre ricordare che nella famiglia è presente, oltre al sistema globale, una variegata gamma di sottosistemi, alcuni fissi – come i fratelli – e altri occasionali. Nella separazione coniugale, per esempio, i figli possono allearsi con uno dei due genitori, creando un nuovo sottosistema dovuto alla nuova condizione.

Allearsi, schierarsi, scontrarsi sono tutti movimenti che allenano alla vita anche fuori dalla famiglia. Più sperimentiamo tutte le sfumature relazionali che possono coinvolgerci, più andremo nel mondo con un esoscheletro adeguato ad affrontare i futuri legami.

Spinte espulsive e contenimento coesistono in ogni famiglia: «Vai ad abitare da solo, ma resta con mamma» è una frase ambivalente che molti hanno ascoltato. E che, secondo il pensiero dell'antropologo Gregory Bateson, veicola un messaggio così confuso da districare che, se portato all'eccesso della contraddizione, può talvolta condurre alla pazzia. Nella comunicazione ambivalente definita «doppio legame» la persona che emette l'enunciato invia un'indicazione contraddittoria, come: «Non lasciarmi mai, ma stasera vattene che ho bisogno di stare da sola». Chi ascolta si troverà a chiedersi, quasi come dentro un *koan zen* paradossale: «Ma come, devo andare o mi vuoi qui? Mi tieni o mi cacci?»

Così, rabbia e fantasie di estromissione dal nido possono alternarsi a disperazione al solo pensiero di lasciare il nucleo familiare per formare una nuova configurazione: l'avventura esplorativa attrae e spaventa.

Allo stesso modo, un eccesso di cura, di incuria o trascuratezza non servirà a lasciare liberi gli individui: in un caso resteranno invischiati nel miele materno, familiare, nel secondo si trasformeranno in mendicanti affettivi.

Lo psicologo statunitense Jerome Bruner ha descritto molto bene la funzione educativa e contenitiva che ha definito «impalcatura», *scaffolding*: se siamo stati tenuti in grembo con il giusto contenimento, nel momento dello svincolo avremo interiorizzato quella stretta buona che ci terrà al caldo e stabili dentro.

Ogni troppo, dicevamo, causa un troppo poco, perciò la sfida all'interno e all'esterno del contesto familiare sarà quella di badare a rallentare in prossimità degli svincoli, verificando la tenuta degli affetti e la capacità di lasciarsi liberi di andare gli uni con gli altri. Tenendo dentro il legame ben saldo, elastico e morbido, che permette di partire e poi tornare ogniqualvolta lo si desideri e lo si senta necessario.

Se gli snodi affettivi non funzionano, la nostra vita relazionale ne risentirà, e potrà manifestarsi in un attaccamento malsano verso il partner, una modalità che chiamiamo dipendenza dall'altro.

Lealtà: io vi salverò

Nel corso del tempo l'importanza dei legami familiari ha condotto alla selezione di un comportamento, o meglio un sentimento adattivo, come lo definirebbe Charles Darwin. Hellinger la chiama fedeltà cieca al sistema. I figli sono animati da una forma di amore per i genitori che possiamo dire «amore cieco».

Per appartenere, proteggere e mantenere la stabilità del sistema, i membri di un clan sono disposti a tutto. Se ci pensiamo, è un comportamento che mira a custodire la propria specie.

Facciamo un esempio: Luigi, sessantatré anni, ha fatto speculazioni errate e ha mandato sul lastrico la famiglia. Marco, il figlio maggiore, trentacinque anni, ingegnere con una buona posizione, rinuncia a farsi una vita e usa tutti i propri averi per salvare il padre e i familiari dal disastro finanziario. Rinuncia a farsi una famiglia per restare accanto ai genitori e impedire alla barca di affondare.

La fedeltà alla famiglia è un gene affettivo silente, ma attivo in ogni clan: i componenti sentono che per poter appartenere è necessario fare ciò che c'è da fare, pur di salvare la progenie e se stessi. Dal momento che i figli hanno bisogno dei genitori per crescere, in natura si sono selezionati questi istinti di lealtà estrema e totale. Un bambino fa di tutto per mamma e papà, che sono il suo mondo, e da quel mondo, brutto o bello che sia, dipende la sua sopravvivenza. Tale sentimento fa sì che il piccolo non perda mai di vista il *deus ex machina* della propria esistenza.

È come se fossimo stati programmati per questa forma di amore totalizzante verso i genitori, che quando siamo bambini ha un senso ed è funzionale al mantenimento del legame, garantendoci così l'accudimento, nella maggior parte dei casi. Restare invischiati in un'affettività eccessiva può però creare da adulti distorsioni nel funzionamento di varie aree della vita, a partire dalle relazioni amorose.

La lealtà cieca al proprio sistema imbriglia e impedisce di guardare avanti. Per quanto sia un meccanismo naturale e umano occorre superarlo, rimanendo in armonia, grati ma sganciati, proiettati verso il futuro e non rivolti all'indietro, rinunciando a salvare i genitori se ciò implica rinunciare a se stessi. Non significa abbandonarli o ripudiarli. Lo dico col sorriso, poiché conosco bene quanto nella cultura italiana sia presente l'attaccamento verso i genitori. Significa invece crescere e prendere in mano la propria vita. In tutti i sensi.

Restando grati.

Vedremo come realizzare questo passaggio in modo non traumatico ma rispettoso.

Dico sempre ai miei pazienti, in maniera un po' provocatoria, che se ci pensiamo bene i genitori non hanno bisogno dei figli, ma è il contrario. Madri e padri spesso tornano fragili e bisognosi nel fine vita, è vero. Se però hanno programmato un avvenire sicuro, in caso di necessità e in mancanza di alternative, possono per esempio permettersi un aiuto domestico o affidarsi a un istituto e concludere così la propria esistenza. Per un figlio, invece, per molto tempo dalla nascita in poi sono essenziali non solo l'amore del genitore, ma anche la sua approvazione e benevolenza.

Altolà lettore, vedo già sdegno e proteste. Capisco: nulla indigna di più sulle mie pagine social dell'argomento «genitori». Segno che è un tessuto infiammato ancora per molti di noi. Eppure, chi è adulto ha bisogno di qualcuno più grande, non più piccolo. Certo, a eccezione di sopraggiunte malattie o del fine vita, fase in cui spesso i figli accudiscono i genitori che si trovano in difficoltà anche gravi: ci tengo a rimarcare che restano sempre figli, pertanto più piccoli.

L'arroganza e il bisogno egoico di sentirci migliori dei nostri genitori è una trappola che non ci permetterà mai di andare nel mondo leggeri. Se compiremo gesta eroiche, o non combineremo gli stessi guai di chi ci ha messo al mondo, ai posteri l'ardua sentenza. Coltivare un'attitudine superba non farà altro che mantenerci infantili e bloccati. Riconciliarci con rispetto, umiltà e umanità ci libererà, e renderà adulti. E se non riusciremo a rispettare chi ci ha portato fin qui, almeno rispettiamo la vita che ci è stata data in dono. Il peccato di *hybris* è sempre in agguato, ricordiamocelo. Riuscire a vedere i genitori e noi stessi come esseri umani e pertanto anche fragili e passibili di errori, credimi, è uno dei passaggi più ardui durante il percorso psicologico.

Lo spiegheremo meglio, intanto fidati.

Esiste in natura una gerarchia della cui importanza avremo modo di discutere in seguito. In molti villaggi delle tribù indigene dell'Amazzonia, per esempio, o nelle società asiatiche, questo concetto è ben chiaro: chi ha più anni merita riguardo e rispetto. Ciò non significa, al giorno d'oggi, un incoraggiamento a idealizzare le figure genitoriali. Tanto meno sostenere che i più piccoli non debbano essere rispettati! Il titolo di questo libro è esplicativo: troppo ingombro nella famiglia creerà un rallentamento nell'evoluzione personale, al pari di legami flaccidi. Da questa fedeltà cieca, perciò, a un certo punto della vita bisogna sganciarsi.

Succede invece che purtroppo spesso restiamo inceppati nella famiglia di origine. Sia che osanniamo chi viene prima di noi, sia che lo detestiamo, giudichiamo o disprezziamo, finché non raggiungeremo la giusta distanza rimarremo ingabbiati in una forma sentimentale acuta, tenendoci prigionieri del passato, trasformando tutte le magagne in zavorre che ci porteremo appresso in ogni dove, soprattutto nel letto a sei piazze.

La ragnatela affettiva può diventare un delirio salvifico che spinge i figli a voler guarire un genitore dall'alcolismo, ad accollarsi il dolore di un padre o una madre irrisolti e dannati. E questo accade non soltanto attraverso sentimenti buoni e caritatevoli, ma anche – spesso – con l'attorcigliamento alla famiglia di origine tramite atteggiamenti negativi, giudizi, disprezzo. Allora nascono guai ancora più seri, perché se il troppo zucchero si trasforma in una resina attaccaticcia, l'amore a rovescio, quello conflittivo e dispettoso, diventa un capestro da cui non si scappa.

L'amore sconfinato e fedele ai genitori ci rende eterni bambini buoni e obbedienti, così come la svalutazione verso gli altri ci avvita a quelle stesse persone che condanniamo. Ti spiego come.

Tutto ciò che è nell'ombra, come direbbe Jung, ci perseguiterà finché non riusciremo a integrarlo, portandolo alla luce dentro di noi, smettendo di giudicare quella cosa che escludiamo mettendola via, appunto, come sbagliata. Dell'ombra ci libereremo solo se avremo il coraggio di guardarla, e di accoglierla.

Ciò che denigriamo nei nostri familiari, e non solo, ci avvicina a loro più di quanto immaginiamo.

MARIELLA: LA FAMIGLIA GIROTONDO

Mariella è una ragazza come tante, in apparenza non c'è nulla che non vada nella sua vita.

Quando arriva un nuovo paziente chiedo sempre: «Cosa vuole per sé, qui?»

Lei mi risponde: «Dottoressa, mi porto dentro una malinconia costante. Non so da dove venga. E finisco per riversare tutta la mia insoddisfazione su Fabio, il mio ragazzo. Non sto bene con lui e non riesco a lasciarlo. Continuo a calcolare che cosa mi dà. O meglio, sottolineo spesso quello che non mi dà».

Mariella lavora nel negozio di famiglia, un'antica salumeria di una città di provincia. È la più piccola di tre sorelle, ha studiato Lingue, ma ha accantonato la laurea per mettersi il grembiule e vendere affettati.

Le domando se le piace il suo lavoro, mi dice che non si è mai permessa di chiederselo. Ma sento nella sua voce un tremore, come se si vergognasse di vendere prosciutto. Suppongo che la vergogna di Mariella sia coperta da un senso del dovere e di riconoscenza per la famiglia, verso cui ha una specie di devozione e un profondo rispetto. Ciò che io chiamo un sentimento addolcito, o *sugar coated*, come direbbero gli inglesi, edulcorato.

«Era così, era necessario», continua. In nome di un bene ritenuto superiore, mette da parte la propria realizzazione e ricopre di zucchero l'amaro della rinuncia di sé. In nome del clan.

Anche le sue sorelle aiutano in bottega, nonostante abbiano famiglia e figli. La più grande lavora come farmacista, ha due bambine, ma quando è libera va in negozio e sta alla cassa per sostituire la madre ormai anziana. La gestione dell'attività vede coinvolti tutti: chi vi lavora a tempo pieno e chi dà una mano al bisogno, ma tutto gravita attorno alla salumeria. Compresi i mariti delle figlie.

Ben presto mi compare sullo sfondo la famiglia intera di Mariella, dando vita a un quadro che definirei «serenamente invischiato».

Quando mi parla della sua infanzia, scopro che i genitori erano sempre in negozio, per cui lei e le sorelle sono cresciute con i nonni, nonostante questi avessero a loro volta in casa i genitori anziani da accudire.

Una tecnica che impiego spesso con i pazienti in studio – talvolta anche online sebbene risulti più complesso –, è quella degli oggetti metaforici. Ho un cesto di pupazzetti Disney, o altri personaggi che rappresentano gli archetipi (la strega cattiva, l'angelo, il condottiero e così via) e chiedo a Mariella di mettere in scena la sua famiglia scegliendone alcuni. Lei seleziona tutte figure positive, che denotano operosità e benevolenza. Ma le distribuisce in cerchio e si posiziona al centro. Mi è allora chiaro che quella di Mariella è una famiglia girotondo, come la chiamo quando rilevo questa configurazione.

Le propongo di inserire nel quadro il suo ragazzo e lei ribatte: «Non c'entra».

Fotografiamo quella rappresentazione per lavorarci a lungo, in futuro.

Mariella è sì al centro dell'attenzione del suo clan, ma quel cerchio, in apparenza così protettivo, risulta una gabbia senza ossigeno per la realizzazione di se stessa. Ed essendo animata da un sentimento di profonda lealtà verso i familiari, lei proietta sul fidanzato la propria insoddisfazione, chiedendo a lui di renderla felice.

In altri colloqui lavoriamo per sondare la possibilità di aprire il cerchio. Solo al pensiero dice di sentirsi perduta, sprotetta e colpevole. Un senso di tradimento la coglie all'ipotesi di voltare le spalle alla sua squadra. Emerge poi che anche la madre aveva rinunciato agli studi per mandare avanti l'attività di famiglia. Un giorno Mariella mi dice infatti: «Io come mia madre». E per lei è una grande comprensione.

Mariella non è ancora riuscita ad aprire quel cerchio e prendere la propria strada, ma nel percorso le scelte non possono essere forzate, occorre procedere con gentilezza. Per il momento è già prezioso aver individuato il cerchio, percepirlo fisicamente ed essere consapevole che uscirne è una possibilità, così come il restarvi dentro.

La storia di Mariella denota quanto talvolta sia difficile lasciare il recinto caldo, affettuoso e premuroso per avventurarsi nel mondo. Così come lei, molte persone restano invischiate in ciò che abbiamo chiamato troppo zucchero. Il grembo familiare diventa talmente rassicurante e scontato da rischiare di incistarsi in un eterno copione a metà tra rinuncia e sacrificio, e questo comporta lo sviluppo di uno stile relazionale dipendente, che tradisce la mancanza dello snodo necessario per individuarsi rispetto alla famiglia di origine.

Nel caso di Mariella, il suo girotondo le permette di sentirsi al centro, riparata dagli agenti esterni, ma al contempo la limita nella sua realizzazione personale.

Secondo Freud, gli individui barattano la felicità con la sicurezza. E quello di Mariella è solo il primo degli esempi che esamineremo. Vedremo altre storie dove il richiamo esterno, seppur potente, viene azzerato da una sorta di paralisi che impedisce il cambiamento.

Il mito del sacrificio

Ogni persona ha un profondo bisogno di appartenenza. Far parte, sentirsi inclusi, restituisce dignità e valore di sé.

Per appartenere, gli individui sono disposti a tutto; questo è un meccanismo atavico che possiamo spiegare anche con la psicologia evoluzionistica. Il clan precede il valore del singolo, che in certe specie animali è pronto a sacrificarsi per il bene del gruppo. Tracce di questi comportamenti permangono ancora al giorno d'oggi, sotto forma di doveri familiari.

Ci viene in aiuto un racconto di James Joyce: «Eveline», pubblicato in *Gente di Dublino*. Eveline Hill ha diciannove anni, è orfana di madre, ha un lavoro modesto e vive col padre burbero e il fratello in un appartamento da cui sogna di andarsene. Decide perciò di partire per lidi lontani in cerca di un avvenire migliore, ma mentre sta per farlo, con il fidanzato che l'attende sulla nave che la porterà a cercare fortuna a Buenos Aires, si ritrova in bilico tra riscattare l'esistenza triste e grigia della madre e la promessa fattale in punto di morte di occuparsi della famiglia. Eveline resta perciò immobile, incapace di agire, paralizzata dal senso del dovere che sovrasterà il suo sogno di spostarsi altrove. Il laccio emotivo con la famiglia di origine vince e lei rinuncia alla propria autonomia. Lascia partire il fidanzato che la implora di salire, mentre lei inerte osserva la nave salpare.

Tra i miei pazienti incontro ogni giorno varie versioni di Eveline. Tanti sacrificati e debitori che tralasciano i propri sogni in nome di un richiamo più potente e schiacciante: restare.

Il sacrificio in nome della famiglia è per alcuni molto intenso e viene alimentato dal senso di colpa. Le condizioni dettate dal clan rimangono scolpite dentro come QR Code invisibili: per appartenere ed essere dei nostri tu DEVI. E ogni famiglia ha i propri comandamenti, miti, mandati, investiture.

3

Frattali

«Solo ciò che è unito
può separarsi.»

Antico proverbio cinese

I FRATTALI sono forme geometriche uguali a se stesse che sembrano ripetersi all'infinito, anche in diverse scale. Se osserviamo, dentro le famiglie ne esistono diversi, intesi come forme di pensiero che si ripetono, storie che si tramandano e che ritroviamo replicate in versioni aggiornate 2.0. Non vengono trasmesse solo vicende positive e racconti favolistici: purtroppo, come sappiamo, anche i traumi possono attraversare la linea del tempo. È molto interessante analizzare le storie familiari anche per individuare i passaggi transgenerazionali di doveri, credenze e valori. Insomma, tutte le famiglie possiedono un vademecum, un libretto delle istruzioni permanente, come un DNA.

Il mito familiare

La mitopoiesi è la tendenza degli esseri umani a inventare favole e narrazioni fantastiche.

Ogni nucleo familiare ha il proprio mito, inteso come un insieme di credenze condivise su come la famiglia è o dovrebbe essere. Per esempio: «Noi non chiediamo aiuto a nessuno», o «Noi dobbiamo fare tutto insieme», oppure «Siamo sfortunati».

Chi nasce eredita, insieme ai geni degli occhi azzurri o verdi o marroni, del colore della pelle e della tipologia dei capelli, anche una prescrizione identificativa della propria famiglia sotto forma di mito.

Secondo i terapeuti familiari, il mito svolgerebbe una doppia funzione: da un lato diventa un meccanismo di difesa che protegge il sistema, contribuendo al mantenimento dell'omeostasi, l'equilibrio e l'identità di base. Dall'altro diventa un impedimento alle innovazioni. Perciò, se la famiglia ha il mito del lavoro come sforzo e sacrificio, questo darà ai suoi membri un'identità «noi tutti dobbiamo sacrificarci per il lavoro», e al tempo stesso impedirà alle nuove generazioni di cercare occupazioni più leggere ma magari meglio retribuite. A meno che non subentri una pecora nera che tradisca e modifichi le credenze aggiungendo un disegno per cambiare il frattale, introducendo un'innovazione. Che, vedremo più avanti, verrà sempre percepita all'inizio come un attacco al sistema. Ma il frattale potrà essere mutato solo attraverso crisi trasformative.

Supponiamo che Rita appartenga a una famiglia di quelle che «noi non amiamo viaggiare, ci piace stare a casa, siamo fatti così». Lei invece si sente uno spirito libero e tre volte all'anno fa un viaggio avventuroso, in destinazioni poco battute, zaino in spalla e sistemazioni spartane. Dopo i primi tentativi accolti in famiglia come un'aggressione allo status quo («Dove vai? Sei matta? Se ti succede qualcosa?»), Rita sfida il mito familiare e parte. E continua a farlo fino a quando in famiglia, rassegnati perché lei è «quella strana», il viaggio estremo e in solitaria viene sdoganato. A quel punto il mito aggiungerà una sfumatura nella generazione successiva: «Si può fare, avevo una zia che andava spesso in giro da sola». E chi la emula si sentirà dire: «Sei come tua zia». Così il mito potrebbe diventare: «Un tempo stavamo tutti a casa, ma adesso abbiamo iniziato anche noi ad andare», arricchendosi fino a diventare altro. I nipoti racconteranno magari: «I miei nonni non amavano viaggiare, poi mia zia si è trasferita in Islanda e loro si sono adattati e hanno iniziato a prendere l'aereo a sessant'anni». E ancora il mito potrebbe evolversi in: «Noi siamo quelli che sappiamo reinventarci anche a sessant'anni». E via così, per generazioni.

Per esempio, potrebbe venirci in mente che in casa vigeva l'imperativo: «Non bisogna sperperare», oppure: «Zitto, i panni sporchi si lavano in casa», «Mangia e taci», «Si fa ma non si dice», «Senza la famiglia non sei nessuno», «Nessuno ti amerà come tua madre», «Non fidarti mai» e così via.

Dopo aver esplorato questi imperativi drastici, veri e propri comandamenti a cui dovevamo obbedire, saremo in grado di individuare i miti familiari: «Noi famiglia Rossi siamo quelli che facciamo *sempre* e non diciamo *mai*», «Noi Esposito siamo quelli che fanno *tutto* da soli». Un mito si riconosce dall'assolutizzazione: sempre, mai, tutto, tutti e così via.

Da questo insieme di credenze nasce il mito familiare. Non è detto che lo si riconosca subito, a volte occorre pensarci un po', ma è bene farlo perché è importante. Come vedremo, infatti, dal mito deriverà il mandato.

#Quadro n. 3

Corri

Ho un ricordo di mio padre che diceva: «Corri, o facciamo tardi all'asilo. Corri, che poi chiudono il portone e non puoi entrare». La sua mano ruvida, grande e forte mi portava in maniera salda e decisa.

Sono sempre stata brava a scuola. Ognuno di noi, credo, diventa bravo in qualcosa che viene rinforzato: per esempio, nella cultura comune che segue ancora gli stereotipi di genere, alcune bambine sono lodate se sono aggraziate ed eccellono nella danza classica, mentre altri bimbi vengono elogiati quando fanno gol o ottengono buoni risultati in uno sport. A me è stato dato un rinforzo positivo sullo studio.

Mio padre, per povertà, non aveva potuto proseguire la scuola. Era un bambino intelligente, ma soffriva di miopia: la sua famiglia non aveva denaro per potergli comprare gli occhiali. Nel dopoguerra i figli dei ricchi sedevano nei banchi delle prime file, quelli dei poveri in fondo. Non vedendoci bene, papà non imparava e restava indietro.

Credo fu così che sviluppò quello che Alfred Adler definisce complesso di inferiorità.

Ciò che ci accade durante la vita può affossare le nostre risorse, o attivare dentro di noi un senso di riscatto. Mio padre ha chiesto a me, in modo implicito, di riparare la sua impossibilità di studiare.

E io ho obbedito al mandato. Non avendo avuto una famiglia coesa poiché i miei non abitavano insieme, ho avuto un unico mito familiare: quello di mia madre. I loro miti, però, si assomigliavano, in quanto entrambi erano migranti coraggiosi. La somma dei loro miti, che arrivavano dalle rispettive famiglie sopravvissute alla guerra, credo che alla fine fosse: «Noi ce la caviamo sempre».

E da lì il mio mandato: «Devi farcela». Nel mio caso non a sopravvivere, ma a essere brava a scuola. Non ho mai imparato a correre. Non mi veniva chiesto di fare sport.

Per la nostalgia di padre che ho sentito tutta la vita, la modalità che tanto avrei voluto è quella di un papà istruttore, che incita e contiene, incoraggia e indica la strada. Forse, a conti fatti, l'ho avuto, anche se per tanto tempo ho pensato di no.

Ho trasformato quel «corri» in un incitamento per la scuola. Ho corso per conseguire più lauree, e ho fatto una maratona massacrante, per certi versi disumana, durante il dottorato di ricerca. Ora so di aver eseguito il mandato seguendo il mito che mio padre aveva della cultura. «Laureati! Studia! Devi farcela anche per me.» E io l'ho fatto anche per lui.

Sono arrivata prima che chiudessero il portone.

Se ci penso, la mano di mio papà che stringe la mia la riconosco, la sento ancora, non mi ha mai lasciata. È sempre stata lì, a darmi forza.

Il mandato

Dal mito derivano, quindi, i mandati familiari. Se il mito di una famiglia è «fare fatica sul lavoro», il mandato dei figli sarà: «Ammazzati di lavoro come noi per essere dei nostri». Il figlio sentirà quella parte identitaria e obbedirà per appartenere al suo clan.

A tanti miei pazienti questa dinamica non è chiara. Spesso mi sento dire: «Non capisco come mai io non riesca a...» Scavando nella storia della famiglia, troviamo però che dietro quell'inquietudine c'è un mandato, o meglio la fedeltà a esso.

Molte volte vige un mandato generico, come «la famiglia deve *sempre* stare unita», e poi ogni figlio ha un proprio mandato personale, per esempio: «Starai vicino a tuo fratello quando io non ci sarò più». Ci sono «incarichi» così inesorabili che hanno il peso di una vera e propria investitura: «Tu, figlio maschio, studierai e ti laureerai. Tu, figlio minore, non ti sposerai e starai con la mamma per tutta la vita».

A proposito di mandato, il sesso è uno degli ambiti più interessanti da esplorare e analizzare nel dettaglio, e l'argomento meriterebbe una trattazione a parte. Dobbiamo tenere presente, infatti, che la sessualità mette a forte rischio il sistema familiare. Se riflettiamo, è facile comprendere il perché. La paura dell'estinzione, dell'ibridazione è qualcosa di reale e la riconosciamo in alcuni moniti espliciti o impliciti: «Attenta a con chi ti metti!» «Non sposare quella poco di buono!» «Quello lì è di una brutta razza!» Frasi come queste sembrano risalire a decenni fa, eppure i timori per la propria progenie sussistono, anche se espressi in maniera diversa.

Fare sesso liberamente e senza remore può portare ad avere figli con chi non è considerato «degno», e può essere interpretato dalla comunità come un atto «poco serio» o da «poco di buono». In altri casi, se c'è tanta paura che i membri si allontanino (come in una famiglia a trame strette), il sesso può essere visto quale potenziale motivo di abbandono del nucleo familiare. Insomma, il sesso è qualcosa che allarma il sistema, perciò molto spesso si tenta di tenerlo sotto controllo, o perlomeno esiste in proposito una sorta di sorveglianza e possono esserci rigide prescrizioni a cui attenersi.

Alcuni mandati che riguardano la sfera sessuale possono essere, per esempio: «Le donne devono tenere la bocca e le gambe chiuse», o «Tu, figlio maschio, non devi mai mostrarti debole e devi essere un grande amatore».

Pertanto, come per tutte o quasi le cose della vita, la famiglia prescrive anche le istruzioni per l'uso di come vivere la propria sessualità. O non viverla.

#Pensiamoci

Soffermati un momento a riflettere sulla tua famiglia, cercando il tuo mito familiare.

Potrebbe essere più facile partire dai comandamenti a cui in modo implicito dovevi o dovevate obbedire. Cosa si può o non si può fare? Cosa si deve fare? Come si deve essere?

Hai mai pensato a quale fosse il mandato generico della tua famiglia? Forse una sorta di imperativo categorico: «I soldi non si spendono». Oppure: «Le donne devono badare ai figli». O ancora: «I panni sporchi si lavano in casa». E a quale fosse invece il tuo mandato specifico, individuale? («Sii buona», «Sii bello», «Sostienimi.»)

Una volta che hai familiarizzato con i mandati, potrai cercarli in aree specifiche, per esempio riguardo al lavoro, al denaro, al sesso, e capire come influiscano sulla tua vita.

Copioni

Oltre a mito e mandati, esistono i copioni familiari, o *family scripts*, come li definisce lo psichiatra britannico John Byng-Hall nel suo testo *Le trame della famiglia*.

Allargando il concetto, possiamo definire il copione familiare come un insieme di regole, aspettative e prescrizioni comportamentali a cui i componenti della famiglia obbediscono. Nelle trame delle storie delle famiglie scopriamo che oltre al mito familiare, ai mandati esecutivi, alle investiture, ci sono anche disegni, come frattali ben precisi, che sembrano ripetersi all'infinito.

Il copione è un insieme di regole, un testo che sembra eseguito e recitato a memoria e si ripete di generazione in generazione. Ha una doppia valenza: da un lato, indicandoci quali azioni eseguire, questo percorso «obbligato» dà sicurezza. Dall'altro, può diventare una gabbia, un *loop* da cui non si riesce o non si vuole uscire.

Perché? Per i motivi che vedremo nelle storie riportate.

- Paura di tradire la lealtà alla famiglia.
- Timore di non appartenere più al clan.
- Terrore di essere definiti «la pecora nera».
- Mancanza di fiducia nel cambiamento.
- Pigrizia nel creare una nuova modalità.
- Rifiuto di pagare lo scotto di essere «diversi».
- Mancata assunzione di responsabilità.

Lucrezia: l'amore bianco

Il nodo dolente di Lucrezia è un matrimonio bianco, senza sesso.

Sposata con Rocco da oltre vent'anni, un figlio già all'università, mi chiama perché dice di sentirsi diversa. Le amiche, i rotocalchi, i social propongono un modello di donna in cui non si riconosce. Lei e il marito si sono messi insieme quando frequentavano l'università, poi hanno avuto un bambino. Compagni da una vita, senza scosse. Solo che piano piano il fuoco della passione (se mai c'è stato) si è spento, con buona pace di entrambi.

Le chiedo se ha provato attrazione per qualcun altro, mi dice di no, di stare bene così.

E Rocco? Pure lui, sembra.

L'amore bianco nutre, appaga e rassicura. Manca il sale, ma a quell'insipidità ci si assuefà. Lucrezia però sente il bisogno di guardarsi dentro.

Le propongo di ricostruire insieme la sua storia. I nonni erano contadini, i genitori operai che, con grande fatica, l'hanno fatta studiare e lei ha scelto di diventare una maestra. La sua vita non ha mai avuto scosse, è come una coperta rassicurante, anche se un po' scolorita. È comoda, è ciò che conosce, e la tiene al caldo lo stesso.

Mi dice che Rocco è una brava persona, servizievole, attenta e collaborativa, ma che per lei è come un secondo figlio. Tuttavia, mi rivela che a volte è lei a diventare figlia, perché lui la rassicura e la fa sentire protetta.

Questa oscillazione è tipica di un copione che io definisco «la mammina bambina», o «il bravo bimbo della mamma», dove la coppia è talmente depolarizzata che può solo oscillare in un gioco madre-figlio o padre-bambina. E questo non riguarda solo gli eterosessuali. Ogni coppia per funzionare bene deve incarnare le polarità energetiche, deve cioè rappresentare gli opposti ed essere complementare. Due energie uguali fanno sì che la coppia imploda e la sessualità si spenga inesorabilmente.

Rocco è molto attaccato alla madre vedova, dalla quale va a pranzo ogni domenica con Lucrezia e che lui chiama ogni sera, passando mezz'ora al telefono.

Le domando se tutto questo attaccamento non la disturbi, e lei risponde: «Per niente». Utilizza per sé il tempo in cui il marito è impegnato con la madre, per guardare le serie tv.

La vita di Lucrezia sembra sopita, soporosa. Ma lei non pare soffrire. Anzi. È solo infastidita quando vede la (presunta) vita degli influencer, patinata e perfetta, e lei si sente muta come un pesce non troppo colorato dentro un acquario.

Le chiedo come ha percepito la relazione dei suoi genitori. Li ha persi quando era abbastanza giovane, ma il padre se n'era già andato da casa e la madre era rimasta sola. Entrambi sono venuti a mancare per una malattia oncologica, a distanza di pochi mesi.

Prima di morire, la madre era una vedova bianca. Lavorava e poi si occupava del figlio di Lucrezia. Anche lei sembrava aver sublimato la propria energia libidica nella famiglia.

E i nonni? La nonna si chiamava Desolina, il nonno Olmo. Erano molto poveri, e Olmo era morto giovane di diabete. Desolina era rimasta sola e aveva lavorato come donna delle pulizie fino alla fine dei suoi giorni. Il mito familiare dei nonni sembrava essere: «Noi siamo umili lavoratori, senza fronzoli», e la madre di Lucrezia vi aveva aderito fedelmente, vivendo una vita spartana. Ripetendo il copione dei genitori. E così, in versione 2.0, fa Lucrezia, in maniera inconscia.

Le chiedo se si prende cura del proprio corpo, dice che le basta che sia sano, non ama la biancheria provocante, tanto meno si trucca. La sera beve una tisana e in inverno indossa un bel pigiama di flanella.

Provo a domandarle se le piacerebbe truccarsi o vestirsi in modo diverso. Mi guarda inorridita, come se non se lo potesse permettere. Si accontenta di seguire le star dei social, sospirando come una Cenerentola.

Lucrezia ha smesso di vedersi come una donna sessualizzata per uniformarsi in modo silente e fedele al clan e restare aderente al mito familiare, il cui mandato sul sesso sembra: «Noi ne facciamo a meno. L'importante è essere in salute e lavorare».

Quando nei colloqui di sostegno ipotizzo che il partner non sia disponibile da un punto di vista emotivo o energetico perché c'è il cordone di un genitore che lo tira a sé, le persone restano perplesse. È chiaro che Lucrezia ha scelto il partner perfetto per mantenere il proprio copione: un uomo già «occupato». Rocco, infatti, ha la sua relazione primaria con la madre, con la quale ha, a sua volta, tutto un suo irrisolto.

Entrambi sono sposati: Lucrezia con la fedeltà al proprio sistema, Rocco con la lealtà al copione del «bravo bimbo della mamma».

Insieme, pertanto, possono creare soltanto una relazione bianca, senza quella tensione polarizzata necessaria per accendere il fuoco della sessualità. Se la coppia di coniugi mima a turno i ruoli di genitore, quale destino potrà avere?

Riassumendo:

- Il **mito familiare** è come un tappeto che rappresenta una determinata famiglia. Può essere un tappeto prezioso, oppure una stuoia o uno zerbino. Ha un elemento di fantasia, mitologico, e si traduce in comandamenti generici: «Non si deve, perché noi siamo tutti così». Lo si riconosce da un avverbio totalizzante: «Sempre», «Mai», «Tutto». O da un'espressione generica: «Tutti noi», «Nessuno di noi».

- Il **mandato** è un condizionamento che si deve accettare per appartenere e implica il pronome «tu». Facciamo l'esempio di una famiglia il cui mito è: «Siamo tutti grandi lavoratori». Qualcuno ha un mandato personale: «Tu, figlia o figlio, devi portare avanti l'azienda di famiglia per essere dei nostri» (in questo caso suona addirittura proprio come un'investitura). Seguendo l'esempio del tappeto, è la condizione a cui aderire per poter fare questo disegno e far parte della «squadra».
- Il **copione** è la parte esecutiva e consiste nella ripetizione dei disegni del tappeto. Se vediamo una rosa nel primo riquadro in alto a sinistra, la troveremo ripetuta sotto, e poi ancora fino a formare l'intero quadro. Corrisponde al come. Nel caso della famiglia di cui ci stiamo occupando, il copione del figlio implica che sia molto sacrificato e dedito al lavoro, come chi l'ha preceduto. Il suo mandato è: «Reggi tu ora il peso dell'azienda, o la famiglia andrà in malora». Per eseguirlo, vale a dire per restare fedele al copione, dovrà quindi essere infelice come suo padre e suo nonno, che hanno rinunciato a cercare una strada diversa. «Siamo tre generazioni di calzaturieri. Scontenti e leali.» E tutto rimane sempre uguale, come un frattale che si ripete all'infinito.

4

Le relazioni specchio

«Neppure il tuo abbraccio è un luogo
in cui fermarsi.
Ancora non si è sciolta la neve dell'infanzia,
proseguo la mia fuga.»

Franco Arminio

Il costrutto psicologico dello specchio e del rispecchiamento ha visto una grandissima diffusione sulle varie piattaforme social e, come ogni contenuto che viene polverizzato per essere distribuito al largo pubblico, rischia oggi di perdere il significato originale. Basti pensare ad alcuni termini talmente banalizzati e sfruttati da essersi ormai quasi svuotati di significato, come «narcisista patologico» o «amore tossico». Chiunque parla di concetti psicologici anche se fa tutt'altro lavoro, impartendo lezioni e consigli su come vivere, come conquistare o riconquistare una persona in tre mosse e gestire lo «scarto del narcisista», per esempio.

La psicologia è diventata così argomento di discussione spicciola. Consiglio sempre di selezionare con cura i contenuti da seguire e di verificare il curriculum di chi scrive. Il business in rete è imperante, e si trovano corsi online per diventare una donna irresistibile a 0,99 centesimi a lezione tenuti da «Maria Rossi, professione: divulgatrice».

Ci sono, tuttavia, moltissimi professionisti seri e preparati con anni di studio alle spalle a sostegno di ciò che affermano.

A chi naviga, quindi, la scelta.

Detto questo, uno dei concetti più diluiti e trasmessi all'acqua di rosa è proprio quello dello specchio, che disturba molto chi vuole rimanere incistato nel copione della «vittima».

Sento già tuoni, fulmini e saette: «Ma come, se il mio partner è narcisista vuol dire che lo sono anch'io?»

Giammai, risponderebbe qualcuno. Narcisista è sempre l'altro, magari chi non ci vuole e ha scelto un'altra persona. O no?

Scherzi a parte, è importante che la teoria dello specchio venga compresa e contestualizzata, altrimenti si rischia, appunto, di renderla banale e fuorviante, quando rappresenta invece un passaggio complesso e fondamentale in terapia, soprattutto nel momento in cui lo si arriva ad accettare.

Secondo la psicologia psicodinamica, attuiamo delle strategie di difesa, meccanismi che ci permettono di alleviare le nostre paure e di proteggerci dall'angoscia. Perciò, per esempio, se a volte mi sento «crudele», «lamentosa», «ritardataria», e non mi piace, riporrò questi miei aspetti nella mia parte ombra, come direbbe Jung: li rifiuto in me, li proietto su di te e aggredisco così le mie caratteristiche che non amo collocandole fuori, proiettandole sull'altro e giudicandole.

Come possiamo capire quando un comportamento ci è estraneo o è anche «roba nostra»? Dal grado di attivazione emotiva che ci provoca il vedere un nostro lato specchiato nell'altro.

Facciamo un esempio. Se dico: «Maria è sempre in ritardo, che noia» e poi proseguo la mia vita, pronuncio un semplice enunciato che non muove molto dentro di me, se non una piccola scocciatura passeggera e ininfluente sul mio umore.

Se invece ci rimugino, non mi do pace, aggredisco verbalmente Maria, con ogni probabilità c'è uno specchio.

Attenzione! È proprio qui che cadono le persone che non hanno studiato a fondo il tema: non è che se Maria è ritardataria, allora lo sono anch'io.

Lo specchio va sfogliato, come dico sempre ai miei pazienti. Dobbiamo andare sotto quel comportamento e riconoscerne l'essenza. Magari nell'azione di Maria vedo una mancanza di rispetto, o ingratitudine, o problemi di confini. Lo specchio deve dunque essere interrogato: che cosa mi disturba di più in quel ritardo, e perché? In quale ambito della mia vita agisco come Maria? Bada bene, non necessariamente arrivando in ritardo a un appuntamento, ma attuando ciò che c'è dietro quel tardare.

Ecco che, scendendo di piano in piano, arriviamo alla cantina buia dove abbiamo nascosto le nostre ombre.

Ricordiamo che, nonostante ne abbiano parlato Jung e molti altri studiosi, il costrutto dello specchio è anche nella cultura popolare; i bambini, giocando, possono dire: «Specchio riflesso, chi lo dice sa di esserlo». Anche il buddhismo analizza lo specchio in chiave spirituale.

Un detto zen molto acuto e difficilissimo da tenere a mente e accettare, e comprensibile solo a chi ha fatto un profondo e serio lavoro su di sé, arriva a sostenere: «L'altro non esiste. È tutta roba tua». Nel senso che ciò che notiamo nell'altro e ci disturba è probabile sia un nostro tema irrisolto. Non è facile analizzare lo specchio da soli, spesso è necessaria la guida di un terapeuta.

Diana: specchio riflesso

Diana è figlia di una ragazza madre. «Bastarda», la chiamano. Tutti in paese sanno, e lei si vergogna. Al mercato o al bar incrocia talvolta il padre che ha un'altra famiglia, «figli regolari», come dice lei.

Detesta Dora, la moglie legittima del padre naturale, e invidia i ragazzi che ne portano il cognome. Quando mi contatta,

Diana pesa 130 chili e ha difficoltà a camminare. Il suo bel volto di giovane donna è deturpato da una coltre di grasso che non le appartiene.

Viene da me chiedendomi aiuto per il suo corpo; non mi occupo di disturbi alimentari, ma le dico che potremmo fare un consulto per decidere a quale figura terapeutica indirizzarla. Ben presto è evidente che Diana non ha un disturbo alimentare: attraverso un'iperfagia, porta il peso di qualcuno sotto forma di obesità.

Accetto di fare un percorso con lei.

Le chiedo di parlarmi della sua famiglia, e comincia a singhiozzare. Mi racconta di un'infanzia atroce, dove veniva additata per strada. E di aver iniziato a mangiare per nascondersi.

Il padre, un traditore seriale, aveva avuto un flirt con sua madre, l'aveva messa incinta e quando Diana era nata lui non l'aveva riconosciuta. Per questo si sentiva indegna e inferiore ai fratelli.

Ma, soprattutto, nella sua ombra più nera abita un fantasma: Dora, la moglie legittima del padre.

Diana mi descrive la madre come bellissima, efebica, gentile e dolce, mentre la «matrigna» è la strega delle favole, arcigna, goffa, brutta e grassa. Mi colpisce il tono con cui mi ripete la parola «grassa». La scandisce con odio: g-r-a-s-s-a.

In ogni seduta si chiede ossessivamente come abbia potuto il padre non scegliere la madre così sensibile e delicata e aver sposato una donna a suo dire orribile, che lui tradisce regolarmente e che Diana chiama a volte «la barbuta», per via di una peluria sul volto, tra evidenti e inestetici nei.

Per paradosso, ogni volta Diana denigra e umilia anche se stessa, dicendo di sentirsi come un sacco del pattume.

Le propongo di fare un esercizio che chiamo «la sedia vuota».

Metto due sedie una di fronte all'altra e invito Diana ad

accomodarsi su una a sua scelta e a guardare la sedia vuota come se davanti a lei ci fosse Dora, la sposa prescelta dal padre. Le chiedo di descrivermela, e mi ripete: «Brutta e grassa».

Le suggerisco poi di cambiare sedia e di descriversi attraverso gli occhi di Dora.

Appena lo fa, Diana scoppia a piangere: ha un'*insight*, una comprensione improvvisa e profonda. Sussurra: «Dottoressa, sono io. L'ho disprezzata talmente tanto che sono diventata uguale a lei».

Una comprensione rivelatoria non risolve il problema, ma è un buon inizio e indica la direzione da seguire. Si trova il bandolo e da lì, con pazienza e costanza, si comincia a dipanare il groviglio emotivo che ci teneva avvinghiati al problema.

Diana capisce nel profondo di sé di aver odiato la sua presunta carnefice al punto da rubarne l'identità. L'ha resa un'ombra psichica che l'ha tormentata dal di dentro.

Tutto ciò che giudichiamo ci rende simili a quello che abbiamo giudicato. O meglio, lo giudichiamo perché dentro abbiamo le stesse sembianze, che però non ci piacciono, così le sputiamo addosso all'altro, che diventa uno schermo, uno specchio appunto.

In psicologia si chiama «proiezione».

È probabile che Diana veda, anzi percepisca inconsciamente come si senta Dora a essere la moglie di suo padre e si riconosca in quella fragilità. Non è mai riuscita a mettersi nei panni di Dora, ma ora la vede per la prima volta: una donna umiliata, tradita, che finge normalità. E che, per coprire la propria vergogna, si veste di grasso e sciatteria, proprio come fa Diana.

La invito a considerare quanto peso non suo si stia portando addosso: l'umiliazione per sé, figlia non riconosciuta, per la madre non scelta, e per la moglie del padre.

Ci vorrà molto tempo prima che Diana si autorizzi a liberarsi di un fardello non suo.

Più siamo feriti, meno vedremo gli altri per quello che sono, e meno vedremo noi stessi. La storia di Sergio ci aiuta ad approfondire questo principio.

Sergio: per sempre tuo, mamma

Sergio è uno psicoterapeuta che si occupa di metacognizione e apprendimento, tutt'altro ambito rispetto al mio. Accade spesso che colleghi mi contattino perché sono imbrigliati in una relazione infelice.

Accetto la sua richiesta.

È un bellissimo uomo, brizzolato, occhi verdi, lineamenti volitivi, il corpo armonioso e robusto di chi pratica judo da anni. Sembra una persona concreta, di successo, a parte un'espressione triste negli occhi, che guardano con educazione ma contengono un divieto d'accesso.

Ha quarantacinque anni e una relazione decennale con Samira, un'hostess di origini turche. All'inizio la loro storia lo faceva sentire bene, al sicuro. Lei si fermava a casa sua per una notte e poi ripartiva, così nei giorni seguenti la sua vita da scapolo incallito riprendeva il sopravvento. Col passare del tempo, Samira ha iniziato a chiedergli di più, sentendo la spinta biologica a fermarsi e avere un figlio. Ipotizza quindi di farsi trasferire in una mansione a terra. Insomma, cerca di portare la relazione dove vuole lei. Senza tenere conto di lui.

Dal canto suo, Sergio mi dice di sentirsi invaso dalle richieste di Samira.

«Non sono pronto», sostiene con forza.

«Lo sarà mai?» chiedo.

Indaghiamo nella sua storia. Mi racconta di aver avuto genitori molto rigidi, che gli chiedevano di eccellere a scuola. La famiglia paterna proveniva dalla Germania ed era di religione protestante. Il padre pretendeva che lui parlasse tedesco in casa. Non lo ha mai abbracciato; da piccolo, lo svegliava bruscamente e a volte lo picchiava nel sonno, per motivi futili.

Sergio ha sofferto fino a dodici anni di enuresi notturna. Non si sentiva il più bravo della classe, e il padre lo umiliava per questo. Ha deciso di studiare Psicologia per aiutare i bambini ipodotati con problemi di apprendimento, quelli che oggi si chiamano DSA, Disturbo Specifico di Apprendimento, o anche BES, Bisogni Educativi Speciali. È diventato uno psicologo scolastico e svolge il lavoro con passione. Ha aperto anche un centro per la diagnosi precoce di dislessia e discalculia.

Ci pare chiaro che attraverso quei bambini Sergio tenti di salvare il se stesso di allora, per evitare loro un eventuale dolore atroce ancora così vivido in lui (noi psicologi spesso ci avviciniamo a una branca della psicologia per assonanza con i nostri vissuti, ma questa è un'altra storia).

Con le donne Sergio non ha mai problemi, quando la relazione dura circa un mese. Se invece si scende un poco in profondità attua modalità fuggitive, sparisce in un silenzio impenetrabile, facendo *ghosting* in maniera voluta. Motiva la sua condotta come una scelta per non far soffrire le persone. Sergio denota palesi modalità evitanti: gli chiedo se ne sia consapevole. Mi dice che non riesce e non gli va di fare altrimenti. In realtà non se lo può permettere, come vedremo.

E la madre? La descrive come una donna dolce ma remissiva, emotivamente sottomessa al padre. Le rimprovera dentro di sé di non aver mai preso le sue difese. In pratica, non si è sentito amato né da lei, né tanto meno dal padre. Ha pertanto costruito una corazza difensiva, uno scudo dietro cui nasconde la propria fragilità, non permettendosi di chiedere né di lasciarsi avvicinare.

Arriviamo a comprendere che Sergio nutre per la madre un amore rovesciato e negato, muto e nascosto, poiché lei non lo ha mai protetto dalla furia del padre. Prova rabbia per lei e la punisce non manifestandole affetto e tenendola distante. Proprio nello stesso modo in cui si nega e fugge da Samira.

Porta il conto da pagare alla fidanzata, ma non è con lei che deve risolvere.

Molto spesso trasformiamo la relazione in una specie di viaggio della speranza in cui andiamo a chiedere la grazia, la riparazione delle nostre sofferenze passate, in maniera del tutto inconsapevole.

Sergio ha dentro ciò che chiamo «genitori assoluti». Li ha talmente assolutizzati da perdere le tracce delle persone reali che sono. E vive come sotto un incantesimo che non riesce a spezzare, ipnotizzato da ciò che ha subito da bambino.

Gli propongo di tornare a casa compiendo un viaggio guidato e metaforico, usando la tecnica della visualizzazione. In questo suo immaginare di fare ritorno alla casa natia, gli chiedo di dirmi cosa prova e di esprimerlo ad alta voce, fidandosi del nostro *setting*. Sergio inizia a piangere, prendendo contatto con il proprio dolore, forse per la prima volta in vita sua.

Lo invito a chiudere gli occhi e ipotizzare di parlare con la madre, dicendole: «Mamma, mi sei mancata tanto. Ti ho cercata e negata al tempo stesso in tutte le donne. Punendo loro, era te che avrei voluto punire. Mi sei mancata tutta la vita, mamma».

Riesce a parlare nonostante i singhiozzi.

Poi facciamo lo stesso col padre, e questa volta al posto della tristezza esce la rabbia.

Ci vorranno mesi affinché Sergio riesca a contattare e a riconfigurare dentro di sé i suoi genitori interiorizzati.

Lavorare sui genitori interiori può essere risolutivo: una sorta di vera benedizione. Molti pensano che riconciliarsi con la propria famiglia di origine significhi telefonare in maniera gentile e carina a mamma e papà.

Non è questo.

È un processo psicologico: l'incontro accade prima dentro, fuori non subito. Ma non importa, perché cambiando la rappresentazione interiore a poco a poco mutano anche le relazioni.

Nel nostro ultimo incontro Sergio mi ha detto di aver accettato di vivere con Samira, da cui aspettava un figlio. Ora ha un bambino di tre anni che frequenta i suoi genitori, da lui descritti come nonni preziosi, presenti e solidi.

Fardelli

Le storie come quella di Diana e Sergio ci fanno comprendere quanto, per amore cieco, restiamo agganciati a dinamiche passate. Nel caso di Diana, portando sulle spalle il dolore della madre sotto forma di rinuncia, o di castigo verso di sé. Si attiva infatti dentro di noi un dispositivo salvifico, e mentre crediamo di redimere qualcuno che amiamo, sotterriamo noi stessi.

L'idealizzazione è sempre una difesa, e non permette di vedere la persona per ciò che è. È quello che Diana fa con la madre, di cui considera soltanto le caratteristiche mitizzate e positive. Non la ritiene umana, e ciò crea una distorsione che rischia di farle perdere di vista la realtà. Inoltre, Diana proietta su Dora la propria ombra, e per un meccanismo della psiche lei stessa diventa come la sua nemica, trasformandosi nella temuta ombra da cui viene poi posseduta.

Ricordiamolo: a livello psichico diventiamo ciò che giudichiamo, o meglio, giudichiamo perché vediamo riflessi nell'altro aspetti di noi che non ci piacciono.

Anche nel caso di Sergio, il garbuglio emotivo non si crea solo attraverso l'amore cieco, ma anche tramite il giudizio. È bene ricordare che sia la demonizzazione sia l'idealizzazione sono meccanismi di difesa proiettivi: rifiutando il modello paterno, Sergio si è trasformato in un uomo anaffettivo e scostante proprio come lo era il padre.

Ciò da cui fuggiamo e che giudichiamo ci rincorre. Se vedo cose negative nell'altro è probabile che io stia rifiutando quelle stesse cose in me e usi la persona come schermo su cui proiettare la mia ombra, che si tramuterà in un fardello immenso.

Sergio ha introiettato una figura paterna demonizzata. In effetti, il padre era del tutto disconnesso, non era empatico. Giudicandolo, però, il figlio diventa identico a lui, in una versione aggiornata. Sergio non alza le mani, ma attua altri tipi di distanziamento emotivo, risultando un uomo freddo e non accessibile negli affetti.

Tra i vari meccanismi di difesa compare anche l'identificazione, quando cioè assumiamo un ruolo e non ce lo scolliamo più di dosso. Per esempio, in caso facessimo il medico e fossimo totalmente identificati nel nostro ruolo, ci atteggeremo nel mondo con questo vestito, non lo toglieremo mai e non ci daremo altre opportunità. Ci comporteremo così in ogni situazione, anche mentre facciamo la spesa al supermercato.

Perché stiamo parlando di questo, a proposito di fardelli?

Idealizzazione, proiezione, demonizzazione e identificazione sono tutti meccanismi difensivi che la nostra psiche adotta per non stare nel dolore, o meglio, in ciò che Freud chiama angoscia.

Uno dei passaggi più difficili nei percorsi con i miei pazienti è comprendere con loro queste dinamiche.

Di frequente abbiamo dentro di noi una lunga lista di recriminazioni da presentare a chi ci ha cresciuti, che col tempo si trasformerà in un fardello. Sia che portiamo il dolore al posto di qualcuno, sia che ci identifichiamo con un genitore o componente del sistema, sia che lo giudichiamo, dobbiamo interrogarci se siamo al nostro posto e stiamo facendo la nostra parte, o se invece ci siamo fatti carico del «destino» di qualcuno.

Nel caso di Diana, aveva addosso un peso non suo, che si è sommato al dolore di figlia non riconosciuta. L'odio per la donna scelta dal padre l'ha legata in modo indissolubile a Dora, la moglie legittima.

In famiglia è facile essere affetti da strabismo emotivo. La vicinanza e gli affetti profondi fanno sì che vediamo i familiari sdoppiati, non a fuoco, talmente vicini da risultare estranei. E non di rado finiamo per diventare del tutto ciechi.

Significa che non ci vogliamo bene? Certo che no: vuol dire che spesso nelle famiglie alberga un amore improprio, capace di distorcere le lenti con cui ci guardiamo gli uni con gli altri.

Dobbiamo dunque stare attenti, perché molte volte è l'amore stesso a diventare un fardello.

#Pensiamoci

Se provi un sentimento forte per qualcuno, osservalo.

E chiediti: questa persona la sto vedendo davvero? Cosa muove in me? Cosa specchia di me?

5

Affari di famiglia

«Il modo in cui i bambini vedono se stessi riflette quasi sempre il modo in cui i genitori li guardano e li trattano.»

ALEXANDER LOWEN

IL titolo di questo capitolo potrebbe far pensare a come si gestisce il denaro, o ai segreti che si tengono con rigore dentro le mura di casa. Il modo in cui ogni famiglia si rapporta con l'abbondanza, il guadagno o la scarsità meriterebbe una trattazione a parte, così come la maniera in cui reagisce alle malattie, intende il lavoro, si rapporta col cibo o con la religione. Ciascun nucleo familiare è un universo di significati, storie, credenze, la cui unità è dovuta a patti, alleanze, contrattazioni e schemi. A questo proposito rimando agli studi di Maurizio Andolfi, terapeuta della famiglia di fama internazionale. Qui mi piacerebbe intanto che riflettessimo su come ognuna di queste tematiche viene gestita e tramandata nel nostro sistema familiare.

Si fa così, si deve fare così, perché sei dei nostri e quindi obbedisci per restare tale, e per continuare ad appartenere, come abbiamo visto.

Noi stiamo ragionando sulle nostre radici, vero, ma ci interessa capire cosa e come ciò che siamo e crediamo derivi da lì. E quanto quello che ci viene tramandato ci formi e vada a forgiare l'immagine che abbiamo di noi stessi.

Ai fini della nostra trattazione è molto importante comprendere come il rapporto tra relazioni affettive e schemi familiari influenzi tutto l'arco della nostra esistenza, a partire dal valore che abbiamo percepito di avere o non avere.

Se ci pensiamo, la nostra autostima nasce da lì, diventando anch'essa un affare di famiglia.

Moltissime delle persone che mi chiedono aiuto sono affette da una scarsa autostima. E, badiamo bene, darsi poco valore è uno dei tanti indicatori che porta a dipendere da qualcuno: mi sento di non valere abbastanza, mi affido a te, proietto su di te il potere di stabilire se valgo o no. Vediamo meglio perché.

Se cresciamo convinti di non essere abbastanza, saremo attratti da qualcuno da cui desideriamo essere apprezzati. Il guaio è che andremo da chi ci manderà un messaggio in codice che confermerà proprio il nostro timore più grande, quello di non andare bene.

In realtà, l'altro magari ha a propria volta una sua storia e non ci sta davvero inviando quel messaggio. Ma se abbiamo una lente deformante che usiamo per autosqualificarci, leggeremo in quest'ottica tutto ciò che ci succede.

Autostima e corpo, per esempio, nella nostra società vanno a braccetto. In altre culture il corpo è il luogo che ospita lo spirito e per questo deve restare in salute. Per molti è l'unica cosa e casa che possiedono. In Occidente, invece, solitamente il corpo diventa tante altre cose, soprattutto indicatore di valore se rispetta i canoni culturali e sociali imposti.

Il corpo di chi?

Uno dei motivi principali per cui ci sentiamo insicuri è il corpo: quando parliamo del nostro aspetto fisico siamo spesso troppo, o troppo poco, qualcosa.

Sapere di avere un'esteriorità adeguata agli standard può farci sentire più desiderabili, più accettabili. Per mia esperienza, però, non basta mai. È difficile trovarsi del tutto a proprio agio dentro la nostra prima abitazione: il corpo, appunto.

Nei corsi di crescita personale in presenza, spesso propongo un semplice esercizio. Chiedo ai partecipanti di dirmi dove sono, e alcuni indicano la città in cui ci troviamo, altri rispondono «Al mondo», altri ancora «In questa stanza», o «Su una sedia».

Nessuno definisce mai come primo luogo il corpo.

Ma se ci pensiamo è lì che siamo, innanzitutto.

In Oriente, quando qualcuno muore si dice che «ha lasciato il corpo», come a ribadire che quella è la nostra prima e ultima casa, ancor più del grembo materno.

Il modo in cui ci relazioniamo col corpo dipende da come siamo stati accompagnati a conoscerlo, ad abitarlo. Quando usciamo dal ventre materno riceviamo i primi contatti attraverso mani che ci toccano, cibo che ingeriamo, suoni che ascoltiamo. Da neonati vediamo con la pelle. Poi, via via che cresciamo, è attraverso il corpo che riceviamo il mondo, e lo impariamo.

In famiglia passano moltissime informazioni su chi siamo, tramite l'accudimento, l'apprezzamento o la negazione del nostro corpo. Attenzione: ciò che i genitori ci hanno insegnato sul nostro aspetto esteriore sarà ciò che, senza nemmeno rendercene conto, passeremo ai nostri figli, se ne avremo. Una bella quota di responsabilità va senz'altro anche alla società, ma qui guardiamo in famiglia, intanto.

Per un breve periodo, durante il tirocinio formativo di psicologa all'AUSL della mia città, ho presenziato ai colloqui con una madre e una figlia africane. All'epoca lavoravo al servizio affidi. Ricordo il rapporto che quella madre aveva col corpo della sua bambina, di due anni circa. La lavava e la strofinava con forza con un olio profumato, poi la pettinava facendole treccine strette strette, usando una pasta lisciante per i capelli. Quel corpo decretava tutti i suoi averi: oltre a sé, aveva la bambina, un fagotto di vestiti, e nient'altro. Essere madre, per lei, significava tirare a lucido la figlia. La teneva vicino, avvolta in una fascia, i corpi si toccavano, ma non le diceva mai niente.

Nella sua cultura, la priorità non è parlare ai figli. Tenerne pulito il corpo sì: per mostrarlo con orgoglio.

Nelle varie parti del mondo, l'accudimento della prole si declina in maniera diversa. Per alcune tradizioni, i figli sono testimonianze della propria esistenza. Avere un bambino è dire al mondo: io esisto e possiedo un bene prezioso, ho trasmesso la vita e un giorno la prole si convertirà in braccia di sostentamento.

A seconda dei sistemi di credenza, delle epoche storiche e del tipo di società ci rapporteremo anche al nostro corpo in maniera differente.

Nel mondo occidentale vi sono varie sfumature. Di fatto, avere figli è segno di una riuscita, non tanto economica, quanto una dimostrazione di essere nel *mainstream* che elenca nei *must have* anche l'avere un bambino. A quel figlio, se non stiamo molto attenti, rischiamo di imporre una visione stereotipata di come dev'essere il suo corpo. Snello, sportivo, nei canoni, insomma. Oggigiorno, sembra che il fisico della prole denoti non uno status sociale, ma la patente col timbro dell'omologazione. Come a dire: «Ok, il figlio è giusto».

I processi di accudimento, la considerazione ricevuta o meno, l'apprezzamento, fondano le basi della nostra prima autostima, intesa come valutazione di noi stessi in quanto amabili e «giusti».

Fino a una certa età il corpo del bambino appartiene al genitore, che ne dispone a suo piacimento. Lo nutre, lo pulisce e lo veste, decidendo tutto ciò che è meglio per lui. Nel processo di sviluppo e individuazione del figlio, le decisioni di autogestione sono graduali, fino a quando lui inizierà a scegliere in autonomia come amministrare il proprio corpo, di cui si approprierà quindi progressivamente.

Come sostiene lo psicologo dello sviluppo Gustavo Pietropolli Charmet, durante l'adolescenza – o anche prima – il figlio userà il corpo per confermare un benessere o un malessere, per opporsi o dire al genitore ciò che sente o non sente.

Il corpo diventa così un teatro con cui gridare il dolore o nasconderlo, sfigurandolo o appropriandosene attraverso disegni, cicatrici, tatuaggi.

Un palcoscenico da cui urlare:

- Io sono questa cosa qui, mi vedi?
- Mi accetterai, mi amerai lo stesso?
- Io non sono te, voglio essere diverso da te, ma allo stesso tempo ho paura. E ho bisogno che tu mi veda e mi riconosca.

Molte dipendenze nascono proprio in questa tappa evolutiva, in cui il figlio fa i conti col percepito valore di se stesso e del proprio corpo. Se le cose sono andate sufficientemente bene, come direbbe lo psicanalista inglese Donald Winnicott, allora l'adolescente saprà riconoscere il confine tra sé e il mondo esterno. In caso gli «faccia male la vita», invece, potrebbe manifestare la propria sofferenza anche attraverso il corpo, che parlerà per lui.

S-confini

Quando parliamo di corpo non possiamo non pensare al costrutto di confine: il perimetro che ci delimita è fatto di pelle, e di un'area tutto attorno che, a seconda delle varie correnti culturali, viene definito aura, campo energetico, spazio vitale. Per intenderci, il perimetro che occupiamo col nostro corpo più un fascio di cose, anche invisibili e simboliche, che ci stanno subito intorno.

Se lo visualizziamo come un cerchio stretto, vi faremo avvicinare o entrare pochissime persone. La prossemica, ramo della semiologia che studia le distanze come fatto comunicativo, descrive come e quanto tendiamo ad accostarci o meno ai confini fisici altrui. Possiamo parlare vicino al viso delle persone, per esempio, e ciò in alcune culture potrebbe essere ritenuto invasivo, o possiamo invece temere di approssimarci agli altri pensando di non averne diritto, o che verremo respinti.

I confini non sono solo fisici, ma anche psicologici, emotivi, affettivi. E, ancora una volta, li apprendiamo in famiglia. Ci sono genitori che per tutta la vita trattano il corpo dei figli come proprietà, magari continuando ogni giorno a preparare loro i vestiti che devono indossare. Senza accorgersene, parlano sopra, rispondono al posto dei figli. A volte in casa c'è un'unica persona che si occupa del cibo, magari per comodità, ma finendo così per stabilire quello che devono mangiare anche tutti gli altri, senza porsi in ascolto di ciò che piace o non piace.

Siamo così abituati a essere invasi, prima di tutto in famiglia, che faticheremo molto a riconoscere – se dovesse succedere – di ritrovarci in una relazione amorosa abusante.

Facciamo qualche esempio di cosa può essere considerato un'invasione dei confini personali:

- Decidere al posto degli altri quando sono già adulti.
- Entrare in una stanza senza bussare.
- Parlare a voce alta in un contesto che non lo richiede (una telefonata in treno).
- Rispondere a una domanda al posto di un altro.

- Spiare il telefono altrui.
- Dare pareri non richiesti.
- Usare epiteti non graditi (attenzione, questo porterà, da adulti, a tollerare la violenza verbale?)
- Toccare l'altro mentre si parla, senza domandarsi se lo gradisca (anche questo può essere precursore dell'accettazione della violenza?)
- Usare gli oggetti di qualcuno senza chiedere il permesso.
- Abusare del tempo altrui.
- Scrivere a una persona o chiamarla a qualsiasi ora del giorno e della notte.
- Fare domande inopportune.
- Quando si esce con qualcuno, non pagare mai o pagare sempre (sono entrambe forme di invadenza).
- Approfittarsi dell'altro, in qualsiasi ambito.

Potremmo proseguire a lungo, questo è soltanto un elenco parziale che ci aiuta però a riflettere. Ovviamente dobbiamo leggerlo da un punto di vista «passivo»: se, cioè, permettiamo che queste cose accadano senza fermare lo sconfinamento.

È nella famiglia che dovremmo imparare ad avere rispetto gli uni per gli altri, a cominciare dallo spazio privato, dal corpo, per poi interiorizzare individualmente tale modalità.

E dove porteremo tutto questo, una volta cresciuti?

Se avremo sperimentato confini sani, nella relazione adulta saremo in grado di mantenerli e farli rispettare. Se invece siamo stati sottoposti a modelli in cui invadersi a vicenda era all'ordine del giorno, lo faremo a nostra volta e permetteremo che sia fatto a noi.

Ben conosce questo sconfinamento all'interno della relazione chi soffre di dipendenza affettiva. È assai probabile che alle spalle di un nodo affettivo irrisolto ci sia un genitore – o entrambi – che, per usare una metafora, non bussava prima di entrare nella cameretta.

In tal modo il bambino non sviluppa una giusta percezione del proprio spazio vitale, e potrà da adulto evidenziare una dipendenza affettiva che lo porterà a lasciarsi facilmente invadere dal partner, scambiando quell'invasione per interesse autentico.

E va detto che chi è stato invaso, manipolato e fagocitato non solo tenderà a replicare, ma a sua volta non vedrà il territorio altrui e vi passeggerà a piacimento, con noncuranza.

Cogliere l'aspetto di disrispetto dei confini implica però una notevole dose di consapevolezza, attenzione e allenamento. In ingresso o in uscita, chi ha una dipendenza dagli affetti dovrà prima o poi confrontarsi con i confini, e tenderà a non ostacolare l'irruzione pur di mantenere l'illusione della relazione. Si badi bene, lo ribadisco, che si tratta di un'illusione, poiché chi si aggrappa all'idea dell'altro in realtà non ha niente tra le mani.

E un rapporto a due non può essere tenuto in piedi dalla paura.

Sicché, dicevamo, chi difetta della difesa del proprio territorio fisico, economico ed emotivo probabilmente lascerà entrare l'altro per paura che se ne vada, mettendo in comune e a disposizione più del necessario.

Facciamo un esempio: Erica è fidanzata con Fabio, un uomo piuttosto arrogante e possessivo. Vuole il controllo su di lei, legge tutti i suoi messaggi, ha un'applicazione nel telefono per trovare le persone e sapere sempre dov'è la fidanzata. Non solo: le chiede soldi perché ha messo su un'impresa edile e necessita di liquidità. Lei acconsente e lo lascia fare, terrorizzata dall'idea di essere abbandonata.

Non dobbiamo stupirci se, andando ad analizzare la storia familiare di Erica, troveremo una madre che la fagocitava e un padre despota cui la moglie obbediva. Erica ha interiorizzato quel modello disfunzionale e non oppone alcuna resistenza ai modi di Fabio, trovando tutto «naturale». Rinuncia alla propria vita per far posto al compagno e asseconda i suoi controlli ossessivi, arrivando a farsi umiliare.

Alcune persone scambiano questa dinamica per «amore». Ricordiamo invece che amare l'altro non implica limitarlo, soffocarlo e gestire la sua vita per rassicurare se stessi.

Erica e Fabio sono molto simili nelle loro insicurezze, e finiranno per accettare una vicinanza che rischia di asfissiare entrambi.

Chi ha una lassità delle proprie frontiere non riesce a mantenere la giusta distanza. La soluzione, però, non è irrigidirsi e impedirsi qualunque relazione. Difendere il proprio spazio vitale è fondamentale, certo, ma farlo in modo eccessivo può portare ad autoisolarsi.

D'altro canto, una scarsa percezione dei confini personali potrebbe condurre a non riconoscere segnali importanti, precursori di una possibile escalation di abusi e atti violenti, tollerando molestie e scambiandole per «la norma». Quello che aiuta in questi casi è conoscere ciò che è rispettoso verso la persona e ciò che non lo è. Coltivare la percezione di noi stessi e delle nostre linee di demarcazione fin da quando siamo bambini ci proteggerà quindi da sconfinamenti, in ingresso e in uscita. «Consenso» dev'essere la parola chiave di ogni azione che coinvolge me e il mio spazio, e l'altro e il suo spazio.

Il sentimento che accompagna chi subisce il mancato rispetto dei confini è l'umiliazione. Ma, se ci pensiamo, anche chi invade perde la dignità. È umiliante dover presidiare la relazione per insicurezza, non potersi mai rilassare per timore che l'altro «scappi». Se nello stare «con» l'altro non ci permettiamo di stare anche «senza» l'altro, allora saremo portati ad accettare intrusioni fisiche, economiche, sociali ed emotive.

Se questa mancata sentinella protettiva contro l'invasione, o l'assenza di attenzione verso infiltrazioni esterne, ha radici lontane, sarà necessario riperimetrare se stessi con l'aiuto di un terapeuta, ridefinendo, separando e tratteggiando con cura le linee di demarcazione tra «io» e «tu».

#Pensiamoci

Come percepisci i tuoi confini? Ne sei consapevole?

Presti attenzione al tuo volume di voce in pubblico, per esempio? Se qualcuno vicino a te urla al cellulare, hai il coraggio di comunicargli che non sei interessato a conoscere i dettagli della sua vita?

Se mentre fai la fila in un posto pubblico qualcuno ti passa davanti, come reagisci? Lasci correre, lo aggredisci, o fai notare lo sconfinamento con garbo e fermezza?

Controlli il telefono del partner di nascosto?

E come ti senti quando lo fai?

Avverti l'umiliazione in questo gesto, la perdita della tua dignità mentre invadi l'altra persona? Sei interessato alla tua dignità al punto da non lederla in te e nell'altro?

Com'erano gestiti i confini nella tua famiglia?

#Quadro n. 4

Un posto

Nel tour di promozione del mio primo libro ho viaggiato molto, e nelle trasferte da una tappa all'altra ho avuto modo di riflettere a lungo su cosa intendiamo quando diciamo «il mio posto».

Durante le consulenze, tante persone mi dicono di non avere un posto nel mondo.

Sentire di avere il proprio posto è un concetto affascinante.

Cosa intendiamo?

Dai miei viaggi ho compreso che il posto è una dimensione interiore.

Proviamo a riflettere: quando siamo in viaggio, il nostro universo consiste in un numero: del volo, del gate, del treno, del binario, della carrozza. Poi la nostra poltrona, che per qualche ora diventa il nostro mondo. E tutto ciò che abbiamo è dentro a una valigia, ridotto ai minimi termini.

Vivendo così sballottata in giro, con pochissimo bagaglio, un giorno ho capito che casa sono io, il mio corpo, le cose che so e sono.

Possiamo possedere tantissimi beni e affetti, se però ci pensiamo bene, quando diciamo la parola «io», che cosa comprende?

E se poi quelle cose le togliamo man mano, cosa resta?

Il nostro corpo, e quello che ci mettiamo dentro.

A questo proposito, mi ha colpita un incontro a cui ho partecipato durante la mia formazione in bioenergetica. Il terapeuta che conduceva il corso ci ha chiesto di osservare come stavamo nel corpo, e il nostro rapporto col sudore. Sudore? L'esercizio mi è sembrato bizzarro. Io detesto sentire caldo e non amo le gocce che scorrono per conto proprio sulla pelle, sento un enorme ed esagerato fastidio.

Il terapeuta allora, vedendo il mio disagio, ha avuto una grande intuizione: mi ha chiesto di raccontargli com'era il gioco fisico con mio padre quando ero piccola.

Seguendo un principio della natura, secondo il Tao siamo animati da una dualità, lo yin e lo yang, che viene rappresentata anche dal principio materno e paterno.

Senza addentrarmi in un discorso di genere, esistono due energie che grosso modo compongono le polarità in natura: concavo e convesso, morbido e resistente, attivo e ricettivo e così via. L'energia del padre (che, come quella della madre, può essere incarnata al di là del genere) secondo questa teoria si traduce in azione, gioco, fisicità, mobilità, mentre le qualità del materno corrispondono all'accoglienza, alla circolarità, alla stanzialità. In base a questa simbologia, con il padre ci spostiamo e muoviamo nel mondo, con la madre impariamo a restare fissi e fermi.

Questa comprensione mi ha aiutata a definire il rapporto fisico con mio padre.

In quel momento ho riflettuto sul fatto che con lui non c'erano mai stati grandi giochi di movimento, non avevamo mai fatto la lotta per scherzo, non c'erano la fisicità, l'arrampicarsi, il rincorrersi.

C'erano, invece, nelle rare volte in cui lo vedevo, affetto, abbracci e complimenti.

Il terapeuta mi ha detto una frase che non dimenticherò mai: che ero stata una bambina senza corpo.

Ma cosa c'entrano con questo i viaggi per il tour di promozione?

Quando non hai ricevuto un'educazione al muoverti, devi stare ancora più presente e in ascolto di te. Perché il rischio è di non sentirti «corpo» e di conseguenza di non percepire il tuo spazio, il perimetro che diventa «io». Una sorta di scollegamento tra mente, anima e fisico. Perciò si dovrà imparare da zero un alfabeto per allenarsi a percepire il corpo come la propria casa, quindi sentirlo e non provare fastidio per le reazioni corporee che ci rammentano la sua presenza, come il sudare.

Se nessuno ci ha insegnato a comunicare col movimento, curare quella dimensione corporea sarà necessario per sentire i propri confini. Che iniziano proprio dal percepire il corpo e tutto ciò che rappresenta, avvertendo i limiti del proprio spazio e il disagio quando avviene uno scambio tra il dentro e il fuori.

Da tutto questo ho capito che il mio posto sono io.

E questo «io» può dialogare col mondo esterno senza subirlo ma avendo cura di sé, custodendo con presenza il proprio perimetro.

Per arrivare a questa consapevolezza è stato necessario indagare su come mi era stato restituito il mio corpo dai miei genitori. Mi avevano insegnato il confine tra me e il fuori? Ho imparato o meno a gestire questo dialogo tra me e il mondo?

È stata una comprensione preziosa, su cui sto ancora lavorando.

Credo che nulla avvenga per caso: mai come nelle ultime estati torride mi sono ritrovata a dover affrontare il fatto che, con gli agenti esterni, il corpo deve per forza misurarsi. Ho dovuto fluire in questo caldo che mi ricordava di adattarmi e da lì lasciarmi andare senza oppormi. In ascolto, e allo stesso tempo prendendomi cura. Consapevole di me, dei miei confini. E su questo credo sia molto importante riflettere in ogni percorso con i miei pazienti.

Percepirsi posto, un proprio luogo che inizi da sé e da lì rapportarsi al fuori, con consapevolezza, è un passaggio indispensabile per comprendere chi siamo.

6
Identità

COME abbiamo già accennato, quando non sappiamo chi siamo è probabile che andremo a chiedere a qualcuno di confermarci.

Analizziamo meglio come vanno le cose.

Se siamo portatori di un dubbio su noi stessi, grazie a quel fenomeno che in psicologia sociale viene definito «profezia autorealizzante», troveremo là fuori conferma di ciò che già pensiamo di noi. Non c'è nessuna magia in questo processo. Possiamo indurre il mondo esterno a restituirci l'immagine di noi che vogliamo, se i primi a fornirgliela siamo noi stessi.

Facciamo un esempio: se io penso di essere un'ottima docente, mi preparo, mi sento capace, mi ritengo in grado di svolgere il lavoro per cui ho studiato. Questa è l'informazione che darò di me all'esterno, ed è molto probabile che mi verrà restituita. Attenzione: non varrà se fingerò di pensarlo, perché il dubbio prevale sulla finzione e a vincere sarà la verità di ciò a cui io credo fermamente. Questo aspetto diventa affascinante nelle relazioni, soprattutto quelle basate su una dinamica narcisisticodipendente. Vediamo perché.

Nella famiglia si impartiscono e si ricevono i primi insegnamenti, e noi impariamo il mondo attraverso gli occhi di chi ce lo porta in casa quando siamo molto piccoli. Iniziamo a costruire le prime certezze a partire dalle persone che ci crescono, perché nasciamo mescolati a chi ci accoglie, solo in seguito ci distinguiamo. All'inizio della nostra esistenza abbiamo la necessità di dare un nome alle cose, e a noi stessi. Dobbiamo dapprima battezzare un'immagine di noi e della nostra «gente» (anche, ahimè, della sua assenza!). Poi, lo scorrere del tempo apporta mareggiate e novità, ed è bene sapere che questo processo non finirà mai: non di rado la vita ci confonderà, e allora dovremo tornare a sederci di fronte a qualcuno che ci aiuti a riconoscerci. Spesso, un terapeuta.

E non potremmo chiedere aiuto a un partner?

No. Proprio no. Perché?

Perché a meno che non ci abbia già lavorato a sua volta, l'altro porterà nella relazione la propria richiesta di affermazione, il suo groviglio di cose irrisolte. E avrà domande e controdomande, che si incroceranno con le sue e le nostre aspettative. Insomma, un potenziale caos, quale in effetti è quando si tratta di relazioni.

Supponendo invece che abbia già districato il proprio garbuglio, non sta a un partner guarire, redimere, riparare il nostro passato, sebbene fior di attori, cantanti e personaggi pubblici declamino sui social: «Il tuo amore mi ha salvato».

Essere amati è la cosa più bella del mondo, intendiamoci. L'amore è gratuito, ci fa bene, ma non possiamo dargli la responsabilità che spetta a noi. Esiste un detto quasi paradossale: «Nessuno si salva da solo, ma ognuno può salvare solo se stesso».

La relazione col terapeuta, invece, è finalizzata a districare quella matassa attorcigliata che ci portiamo dentro, e questo avviene in un «luogo» dedicato, il *setting*, costituito dalla preparazione del terapeuta, dalla sua personalità e dalla chimica che si viene a instaurare tra paziente e figura di sostegno. Se va bene, è una storia d'amore pulita, finalizzata al raggiungimento di uno scopo preciso e con una data di scadenza, che a un certo punto va concordata. Diventa una grande opportunità di riordino interiore, di acquisizione di lenti più pulite per guardare sé, l'altro e gli altri. Nemmeno il terapeuta, comunque, può salvarti: ti accompagna, ti specchia, ti mostra la fonte, usando una metafora. Ma a bere sarai tu, con i tuoi tempi, le tue scelte. E le tue resistenze. Ricordiamolo.

Se ci pensiamo, il terapeuta è un genitore specializzato nel dare un nome a ciò che ci succede, e ci aiuta in quei movimenti che lo psicologo svizzero Jean Piaget chiama assimilazione e accomodamento, che caratterizzano l'adattamento alla vita.

Nel processo di definizione di chi siamo, e di chi diventiamo, c'è un perno che resta fermo, mentre attorno le cose si modificano. Per intenderci, mentre cresciamo, apprendiamo e ci evolviamo, una delle cose che restano immutate è l'aspetto strutturale identitario del nostro gruppo di appartenenza. Per esempio, la famiglia Rossi rimarrà tale e riconoscibile nonostante al primogenito Alfredo sia cresciuta la barba e frequenti l'università, mentre la sorella Ofelia si è trasferita a Stoccarda in Erasmus e nonno Luigi è deceduto da pochi mesi.

La struttura che permane, come direbbe il filosofo greco Parmenide, è la matrice identitaria del gruppo, mentre, come sostiene Eraclito, la vita scorre, scompiglia e sollecita la famiglia Rossi.

In questo processo identitario, dove si colloca il singolo?

Sarà attento a quanto gli viene tramandato e si atterrà allo schema familiare per definire se stesso. Per scoprire chi si è bisogna attraversare varie tempeste, e la risposta alla domanda: «Chi sono io?» è sfuggente, poiché appena rispondiamo in parte siamo già cambiati nuovamente, pur mantenendo il nostro nucleo strutturale.

Questo è il fascino della vita che, se in un momento ci impone certezze, in quello dopo ce le sbaraglia.

Oscillazioni

L'acquisizione di chi siamo non avviene *ex abrupto*. Accanto ai grandi cambiamenti della famiglia, talvolta anche traumatici come la perdita di un membro, una rottura dei rapporti tra familiari o un incidente, accadono ogni giorno microevoluzioni che oscillano tra un prima e un dopo.

I transiti non sono mai netti: nuovo e precedente si intrecciano e sfumano l'uno nell'altro, prima che si crei un assestamento definitivo.

Prendiamo il piccolo Luca, che ha appena compiuto due anni e fa i primi tentativi di mangiare da solo. Non di rado però la madre lo imbocca ancora, tornando alla modalità precedente. Fino a quando si consolida una pratica costante.

Ilaria, alle sue prime uscite serali, deve rientrare a mezzanotte, ma ottiene il permesso di tornare alle tre in occasione della festa in discoteca per il compleanno dell'amica Marina. Per il sabato successivo, però, viene ripristinata la regola del rientro a mezzanotte.

Giorgio viene accompagnato a scuola ogni giorno. Di tanto in tanto va da solo, ma poi papà passa di lì a controllare. E vengono mantenute attive le due usanze almeno fino a quando Giorgio potrà usare il motorino.

Lucia va a convivere col fidanzato Alberto, poi si lasciano e Lucia torna alla casella precedente, quella in cui abitava con i genitori e aveva la sua cameretta.

La vita è costellata di avanzamenti e retrocessioni. Questo andirivieni è tipico per le famiglie, le quali sono in continuo movimento: si allargano e restringono al bisogno, si adattano e si riconfigurano. Talvolta si frantumano.

Ed è anche di questi frantumi che parleremo in seguito.

Tuttavia, dalla nostra famiglia di origine dobbiamo andarcene, a un certo punto, per formare un nuovo nucleo. Anche da soli. Tenendo però presente che quelle oscillazioni le ritroveremo in qualsiasi relazione.

Qualcuno adotta un distacco graduale senza scosse. Certe separazioni sono invece veri e propri strappi, lacerazioni tumultuose, rabbiose, punitive, inevitabili per l'estrema conflittualità. Altre non accadono mai veramente.

Insomma, la famiglia protegge, avvolge, ma arrotola e stritola anche.

È durante l'adolescenza che, secondo lo psicologo dello sviluppo James Marcia, facciamo le prove di chi saremo da grandi. Marcia individua quattro stati che descrivono il transito verso la formazione dell'identità adulta e sostiene che due sono le forze in campo per traghettarci: la sperimentazione e l'impegno. A seconda di come combiniamo queste dimensioni, ci saranno:

- Adolescenti bloccati: si sono presi un impegno ma non si permettono di esplorare facendo esperienze. Non vanno a vedere quali possibilità ci sono.
- Adolescenti in moratoria: a differenza dei precedenti, non hanno preso impegni, ma esplorano le possibilità. Restano intrappolati nel pensiero: cosa potrei fare? E non provano.
- Adolescenti confusi: non hanno ancora né esplorato né si sono presi un impegno.
- Adolescenti con un'identità acquisita: combinano impegno ed esplorazione.

È quindi nell'adolescenza che prepariamo il terreno per il distacco finale, prendendo la rincorsa per lanciarci nella vita e andare a cercare il nostro posto là fuori.

La famiglia resta il palco dove si fanno le prove. Potremo trovare un ambiente fertile, favorevole e di supporto, che incoraggia e incita alla scoperta di chi siamo, oppure incontrare impedimenti, paure, competizioni, ostacoli e zavorre.

È fisiologico, a un certo punto dello sviluppo umano, lasciare il nucleo di origine e fondarne uno nuovo. Osservando gli scimpanzé, gli studiosi dei primati hanno individuato comportamenti espulsivi da parte della madre verso la figlia femmina in età fertile. Si riscontrano conflitti anche violenti, aggressioni fisiche come morsi o percosse, per far sì che la femmina esca dalla tribù e, assieme a un compagno, prolifichi e crei un proprio nucleo. Che da quel momento diventerà un sistema a sé.

Secondo un'ottica evoluzionistica, il sistema ha la priorità sui singoli individui. L'insieme è maggiore della somma delle parti. Il forte e innato senso di appartenenza protegge la comunità, affinché non si estingua.

E chi, invece, non si sente dentro il suo clan?

Anche la negazione è un riconoscimento.

Molto spesso mi dicono: «Io mi sento estraneo alla mia famiglia. Sono così 'diverso'».

Accordi e disaccordi danzano insieme dentro il nucleo familiare, oscillando. L'identità del sistema si crea tramite continui aggiustamenti, basculando tra antiche usanze e novità.

La sfida alle regole, alle proibizioni e ai tabù può diventare il compito evolutivo di uno dei familiari, come vedremo tra poco, nel tentativo di svincolarsi da un sistema rigido e troppo limitante, che non acconsente all'esplorazione, all'individuazione e alla separazione dei membri.

In ogni gruppo esistono componenti che lavorano per il mantenimento, altri per il cambiamento. Chi sente questo strappo interiore sta creando, o tentando di creare, un nuovo assetto, mirando a un'indipendenza emotiva.

Accade che nella struttura familiare qualcuno si opponga, non solo com'è fisiologico nell'adolescenza, ma senta in modo permanente e inesorabile un rifiuto verso la propria «gente». Tali turbolenze possono far sì che la persona assuma il ruolo della cosiddetta pecora nera, sovvertendo il sistema, rovesciandone le regole, apportando modifiche e innovazioni.

A differenza del pioniere, che va in cerca di ricchezze e positività, il compito della pecora nera è immergere le mani nel fango ed estrarne tutto ciò che nel sistema è rifiutato, proibito, giudicato negativamente.

Tornando a Jung, chi ha questa funzione ha l'intento di portare alla luce ciò che è stato messo nell'ombra, per vergogna, sconvenienza, paura del giudizio degli altri cerchi sociali. All'inizio la pecora nera sentirà tutta l'opposizione del resto del clan, poiché verrà percepita come un elemento di disturbo. Una volta creata la scossa, o il terremoto, si attuerà però una riorganizzazione.

Vediamo un esempio.

Noa: la pecora nera

Noa è una ragazza israeliana di una famiglia poco conservatrice, in cui però l'omosessualità è condannata e vituperata, anche se non se ne parla apertamente. Fa parte di quegli assiomi silenti e impliciti, ma imperanti, che abitano dentro le mura domestiche. Noa un giorno annuncia l'intenzione di andare a convivere con Michela. E aggiunge che è la sua compagna.

Il sistema familiare disapprova, denigra e si oppone; per alcuni mesi Noa non frequenta più i genitori e continua ferma nella sua scelta. Fino a quando, per la celebrazione del Capodanno ebraico, la famiglia si riunisce e la invita con la compagna, offrendo una melagrana, simbolo di prosperità e abbondanza, anche a Michela.

In sintesi, Noa ha incluso nel proprio sistema ciò che era tabuizzato e rinnegato. Il gruppo si è riassestato, e ciò talvolta può avvenire anche attraverso processi dolorosi, traumatici. Ma la scossa provoca un successivo riassetto, una riconfigurazione che introduce nuovi elementi e modifica i codici. Laddove qualcosa era invisibile e ritenuto errato, nel caso di Noa l'omosessualità, qualcuno lo porta allo scoperto e lo rende possibile e lecito.

Ricordiamo però che l'appropriazione di nuove forme sistemiche non avviene in maniera repentina, ma graduale e oscillatoria. Il tradimento di un membro del clan viene vissuto come una pericolosa turbolenza che attenta alle sorti del sistema, e non è detto che, com'è accaduto nel caso di Noa, esso regga al tornado che lo travolge. Il nucleo tenterà di proteggersi e, se accoglierà le novità, lo farà alternando rifiuto e accettazione, fino a quando le proposte avanzate da chi svolge il ruolo della pecora nera saranno omologate e integrate in modo definitivo e non costituiranno più un pericolo.

Noa ha avuto il coraggio di allentare i lacci capestro di un sistema rigido, riuscendo così a inserire un'innovazione nell'affettività sistemica.

La sfida agli dei

Chi tradisce il clan, se da un lato rinnova e apporta modifiche, dall'altro finisce inevitabilmente per peccare di arroganza, volendosi sentire migliore o più potente di quelli che sono venuti prima. Ogni membro ha un proprio ruolo, e se i ruoli nella gerarchia vengono scambiati o invertiti la salute del sistema ne soffrirà. Per questo funzionano quei nuclei dove ognuno fa la propria parte e non quella degli altri.

Il concetto di *hybris* della cultura greca antica viene usato per descrivere questa attitudine di sfida. Molto spesso chi è più giovane si sente migliore di chi c'è stato prima. Sicuramente avviene sempre un'evoluzione e le nuove generazioni hanno in sé il seme dell'innovazione, ma la tracotanza non aiuta: ciò che serve è riconoscere quello che c'è stato e aggiungere il proprio pezzo, con umiltà. Spesso, invece, in famiglia si commette peccato di *hybris* quando si scavalca la generazione precedente, per esempio ritenendosi migliori, superiori e mettendosi in competizione con un genitore.

In altri scritti ho analizzato quanto sia deleterio attuare la *hybris* nelle relazioni amorose e come questo sentimento crei una colla emotiva che non lascia libertà. Tra partner, voler vincere sull'altro porta allo sfinimento relazionale di chi si sente più debole ma attiva un braccio di ferro solo per affermare il proprio ego. Può succedere la stessa cosa con un familiare. Chi esce *out of the box* spesso si sente investito di un ruolo di pioniere, come abbiamo visto nella storia di Noa. Pur in apparenza facendosi del male, quando si agisce da pecora nera in un sistema si cerca in maniera più o meno inconscia di ibridare con innesti innovativi una struttura impolverata e statica, creando un moto di propulsione per il cambiamento.

Talvolta accade in modo traumatico o altamente disfunzionale.

Hellinger sostiene che quando qualcosa viene escluso da un sistema, ci sarà qualcuno che lavorerà per reintegrarlo in modo che esso si arricchisca. Se, per esempio, nel sistema di credenze della famiglia qualcuno condanna fortemente la spiritualità, qualcun altro farà in modo di «riportare» questa dimensione esclusa nell'elenco di esperienze possibili. Oppure, se diventare ricchi è condannato dal clan, un membro pecora nera può introdurre questa eventualità nella famiglia accumulando denaro. Queste opere di inclusione non sono mai indolori. C'è sempre un prezzo da pagare, che è quello dell'innovazione, vissuta come turbolenza più o meno intensa dal gruppo.

Perciò, facciamo attenzione al menù dei tabù. In ogni nucleo familiare ci sono cose consentite e altre vietate, regole e proibizioni. E il tutto non è necessariamente esplicitato.

Se in una famiglia vengono esclusi con forte giudizio la sessualità, o la ricchezza, o alcuni vizi proibiti (fumo, alcol, droghe), può essere che un figlio o una figlia se ne faccia carico esasperandoli. Per esempio posando nuda su un settimanale, contro il parere di tutta la famiglia, o diventando per provocazione una pornostar.

È un caso estremo. Ma ricordiamoci che i membri di un sistema lavorano con costanza per aggiustare, livellare, arricchire, riparare, compensare il funzionamento degli ingranaggi. Più c'è una condanna o una proibizione, più qualcuno sarà attratto dall'eccesso opposto, quasi per paradosso.

Ricordo una coppia di pazienti molto impegnata nella battaglia contro il fumo di sigaretta, al punto da ritenerlo «un peccato mortale», facendo volontariato nelle scuole e in parrocchia e diventando paladini di una vera e propria lotta per la salute. Con loro enorme dispiacere, entrambi i figli fumavano. Pareva una vera e propria sfida, fare il contrario di quanto i genitori predicavano con tanta foga.

Magari nostro figlio, in una fase scapestrata, sta dando un messaggio a tutti: lo sto facendo per noi. Con lo scopo non di far del male alla propria salute, ma di sciogliere quella rigidità nel menù dei tabù, cancellarne magari qualche voce e renderci più umani. A volte, però, lo fa agendo in modo controproducente e non attraverso processi consci e ponderati, ma istintivi, quasi tribali, catartici. Diventa difficile capirne le intenzioni ma, una volta scoperto lo scopo, accadono comprensioni. E, raggiunto il suo obiettivo, di punto in bianco la pecora nera cesserà il proprio movimento contrario.

I figli mettono a dura prova. Lanciano e rilanciano, fino al punto in cui la posta in gioco è: «Dimmi che mi vuoi bene anche così». Cercano l'approvazione dei genitori finché non diventano adulti, e anche dopo. E, spesso, questo passaggio non coincide con l'età. È difficile diventare adulti. Ci sono cinquantenni che camminano nel mondo con uno scudo con su scritto LA MAMMA NON VUOLE. Altri figli, invece, come abbiamo visto, affrontano i genitori attraverso il peccato di *hybris*. La sfida agli dei: io ti dimostrerò che sono migliore di te.

Pacco a sorpresa

Quando si progetta una famiglia lo si fa con le migliori intenzioni. Si immagina un'unione felice, si pensa a un eventuale figlio, anche a più di uno. Tuttavia, la maggior parte delle volte il bambino immaginato non corrisponde a quello reale, in carne e ossa.

I genitori non sono preparati a questa possibile discrepanza. Quando si cerca la procreazione, o quando capita, inizia una serie di idealizzazioni. Si dice: «Fare un bambino», non lo si figura già grande. Se non per quel che riguarda la professione: sarà ingegnere, dottoressa, pilota di aerei, diventerà Miss Italia. Un figlio nasce e cresce prima di tutto nell'immaginazione. Forte, bello, simpatico, di successo. Lo si ipotizza felice, realizzato. Poi le traiettorie di sviluppo, i compiti che la vita ci pone di fronte, fanno sì che molte aspettative dei genitori, dei nonni, della famiglia, dei figli stessi non si avverino.

Così, qualche volta ci si ritrova in mano un quadro imperfetto. Il disegno primario comincia ad accumulare scarabocchi, sbavature, perdendo così la sua forma iniziale. E in alcuni casi diventa una macchia oscura, intricata, incomprensibile.

Nessuno fornisce istruzioni per l'uso per i figli.

Il poppante riccioluto e paffuto che mangia, dorme e gorgheggia presto può rivelarsi un fattore di incomodo; forse piange tutta la notte, e non eravamo pronti o allenati a non dormire. È umano. Magari il bambino non sorride a comando, non ripaga dell'amore che riversiamo su di lui.

Sebbene lo si accudisca con premura, può essere che abbia bisogno di deviare dalla strada preconfezionata dai genitori, per trovare realmente chi è. Questo talvolta crea enormi fratture all'interno del sistema: ma come, volevamo un architetto e invece ci troviamo in salotto un giovane cantante heavy metal che terrorizza la nonna col suo *growl*?

Sarebbe bene, quindi, mettere in conto questa possibilità: che se anche all'origine ordiniamo un figlio integro e funzionante, crescendo potrà incepparsi, cadere e sbandare. Esattamente come noi.

Riusciremo ad amarlo comunque?

Non vale pensare: a mio figlio non accadrà mai, mia figlia non mi deluderà. È irrealistico e illusorio. Tutti a un certo punto devono strapparsi di dosso la famiglia. È il normale corso dell'umanità, è il paradosso che ne definisce allo stesso tempo le origini e le sorti. Separarsi per formare un proprio nucleo individuale, pur restando legati in modo indissolubile per tutta la vita.

E più c'è amore, più c'è vicinanza, più forte sarà lo strappo.

Questo spaventa, ma vorrei rassicurare tutte le mamme e i papà: più ostilità vedete, più i vostri figli vi stanno dicendo quanto siete importanti, talmente presenti e fondamentali dentro di loro che tentano di spedirvi nello spazio per fare un po' di posto a se stessi. Vi colpiranno duro, o tenteranno di farlo. Sorridete dentro di voi: vi stanno dichiarando un amore grande al punto che devono mettersi in salvo, per riconfigurarsi in preparazione a salpare verso la propria vita. Del resto, non è così assurdo: più corrente c'è, più è necessaria una messa a terra potente.

Lo sappiamo molto bene anche da figli, che a un certo punto dobbiamo «uccidere» (in senso figurato!) un genitore, per poter diventare davvero adulti. Lo diceva Freud e lo ripetono ancora gli studiosi che vedono quanto sia necessario, per diventare sé, andare oltre l'immagine idealizzata che avevamo da piccoli dei familiari e sostituirla con una più umana e reale. Lo abbiamo accennato parlando di svincoli e ci soffermeremo ancora sull'argomento (niente allarmi, nessuno si farà male, prometto).

Intanto possiamo citare un breve episodio di *Mercoledì*, una serie ispirata a *La famiglia Addams*. La ragazzina dice alla madre quello che ogni adolescente ha detto, o pensato: «Non sono come te, non sarò mai una casalinga come te, non avrò mai una famiglia». La madre ribatte: «Pare che le ragazze della tua età dicano cose crudeli e che non dobbiamo prenderle sul serio portandole nel cuore». Al che Mercoledì risponde: «Ma tu un cuore non ce l'hai». La reazione di Morticia ci risulta inaspettata. Sorridendo con dolcezza, ribatte: «Finalmente hai detto una cosa carina a tua madre».

Questo scambio può essere letto con la chiave dell'humour nero, in linea col personaggio strambo e gotico di Morticia. Da un punto di vista psicodinamico, invece, possiamo coglervi un meccanismo di difesa, quello della formazione reattiva, una rabbia detta *good clean anger*, odio buono e pulito, come lo definisce lo psichiatra Wilhelm Reich: un sentimento fortissimo che rivela il profondo legame della figlia con la madre. E che significa proprio l'opposto di quanto affermato. La formazione reattiva indica una negazione di qualcosa che sentiamo e traduciamo al contrario. Per esempio, la condanna di condotte ipersessualizzate può sfociare in un enunciato che proviene da una difesa: ti dico che ti biasimo, che disapprovo, ma vorrei tanto farlo anch'io. Invece non posso permettermelo, mi crea angoscia, perciò mi trasformo nell'opposto, un moralista. Così Mercoledì, dicendo a Morticia che non ha cuore, le rivela quanto tiene a lei, la propria fame di amore e il desiderio di essere accolta dalla dolcezza materna.

È come se le dicesse: «Vedo il tuo cuore e lo vorrei».

Da genitori, ci si può preparare a questo contraccolpo?

Magari un po' sì.

Secondo lo psicanalista Donald Winnicott, in realtà ai figli basta essere sufficientemente amati. Forse l'indicazione migliore resta appunto quella di accudire e dare amore «q.b.», né troppo né troppo poco, senza forzare nulla, lasciando aperte le porte delle possibilità e restando saldi nei propri valori e principi. Ben sapendo che i figli, per quanto ripetano copioni e siano affetti da fedeltà sistemica, possono anche indossare i panni della pecora nera.

Purtroppo, con loro non funziona la macchinetta della felicità, non esiste un pulsante da premere per farli diventare come vorremmo. Per questo occorre essere pronti a non idealizzare la maternità e i suoi esiti.

Conflitti accesi si affacciano all'orizzonte quando compaiono in casa la disobbedienza, la ribellione, la non riuscita di un progetto. I figli prendono derive inaspettate, i genitori non sono come vorremmo.

Tutto questo non significa certo che qualcuno ha fallito, ma solo che l'umanità si declina in mille sfaccettature.

Il giorno in cui Briseide ha comunicato alla madre di voler diventare un uomo, il cielo si è oscurato e per Augusta il sole non è tornato mai più.

Augusta è una collaboratrice scolastica, una donna molto operosa, ha frequentato le scuole serali e ha ottenuto il diploma di operatrice sociosanitaria. Ama leggere, soprattutto i classici. Briseide è la sua unica figlia, ha diciassette anni. L'ha chiamata così perché studiando l'*Iliade* si era appassionata a tal punto da voler chiamare la figlia come la schiava di Achille. Le piaceva il suono, dice.

Il padre di Briseide è un uomo semplice, ben presto dileguatosi, così Augusta ha cresciuto la figlia da sola, con sacrifici enormi. Su di lei ha riposto speranze e fantasie di riscatto sociale, sognando per la sua bambina un futuro in cui non avrebbe dovuto pulire pavimenti.

Senza volere, alcuni genitori erogano l'affetto come merce di scambio. Di conseguenza, se il figlio non corrisponde al disegno pensato possono scattare punizioni affettive. Avviene anche nella direzione opposta: se i figli non si sentono sempre elogiati e incensati possono decidere di recidere il cordone in maniera violenta. Insomma, nelle relazioni parentali questi snodi possono essere molto dolorosi.

Si presume che l'affetto sia gratis, invece quando viene dato sotto condizione non lo è. Per esempio: se mi approvi, se fai come dico, se diventi ciò che ho sognato per te, allora avrai il mio amore.

Briseide è cresciuta taciturna, la madre non le comprava giocattoli ma libri, che divorava solitaria nella sua cameretta. Le prime uscite, le prime sbornie, hanno preoccupato non poco Augusta, che sentiva tutto il peso dell'educazione di quell'adolescente strana.

Avrebbe voluto che Briseide si iscrivesse al liceo scientifico, ma la ragazzina ama disegnare e le ha chiesto di frequentare un istituto d'arte di una vicina città. Là Briseide ha stretto amicizie ambigue, conosciuto il mondo delle droghe leggere, iniziato a vestirsi in modo particolare ed è diventata cantante in un gruppo metal. Ha chiesto di tatuarsi delle spine, e Augusta ha scoperto che la figlia teneva nell'astuccio una piccola lama con cui si ricamava gli avambracci con graffi e ferite.

Nonostante Augusta abiti a quarantacinque chilometri di distanza, preferisce spostarsi per venire in studio al colloquio. Arriva da me minuta, struccata, pallida e svuotata.

Le prime volte che ci incontriamo piange tutto il tempo, ha dentro una lacerazione, come se avesse disegnato con cura un futuro e la figlia le avesse strappato il foglio. La psiche di Augusta è infestata dal dolore per Briseide, da cui dipende emotivamente in tutto e per tutto.

Con molta calma e delicatezza, chiedo notizie della figlia: come sta, come vivono quel momento in casa. Augusta ne parla come di un alieno, mi dice che vorrebbe inghiottirla per poi rifarla, aggiustata.

Briseide occupa tutto il suo disco rigido, non c'è spazio per altro. Mi confessa di avere incubi e di provare disgusto per la figlia: «Dottoressa», conclude disperata, «quello che mia figlia è mi spaventa. Non lo conosco».

Le chiedo di spiegarmi meglio le sue sensazioni: sotto una calma apparente, Augusta prova un dolore acuto come un sibilo. Mi dice di avere un pugnale piantato nel cuore e che ogni volta che respira si sente lacerare dentro. Ha investito tutta la sua esistenza su Briseide, come se fosse un progetto, e ora mi porta in studio le macerie della sua vita, come dopo un terremoto che rade al suolo ogni cosa.

Continua: «Dottoressa, non ho gli strumenti per affrontare tutto questo. Io ho messo al mondo una figlia che sta male e non trova pace. Si sente un uomo in un corpo da donna. E io la odio. Provo disgusto, rifiuto. Mi sento tradita, tutto questo mi fa paura. Preferirei che fosse tossicodipendente o avesse un qualche male, perché potrebbe avere la possibilità di guarire. Così invece no, sarà dannata per sempre, una figlia anormale, anormale, una figlia anormale ho fatto, dottoressa. Uno scherzo della natura. Ho fallito».

La invito a esternare qualsiasi emozione, poiché so bene che fino a quando non lo farà non avrà lo spazio necessario per sostenere la figlia in un'eventuale transizione di genere. La incoraggio a esprimere la disperazione che sembra sopraffarla, non tralasciando nulla.

Diverse sono le fasi che si possono attraversare quando un figlio comunica un dubbio sulla propria identità di genere. Dapprima la sua immagine si frantuma dentro il genitore, che l'aveva interiorizzata e idealizzata, e dovrà dunque fronteggiare un vero e proprio lutto per la perdita proprio di quell'immagine. Poi può scoppiare una tempesta di confusione e sentimenti contrastanti: il figlio diventa all'improvviso un estraneo, subentra ciò che Freud chiamerebbe «il perturbante», vale a dire quando qualcosa che ci è sempre sembrato rassicurante e familiare ci appare all'improvviso del tutto estraneo.

Ascolto in silenzio Augusta, unica spettatrice di quella disperazione. Non solo comprendo i suoi stati d'animo, ma sento che aveva bisogno di questo: di un posto protetto dove tirare fuori tutto, che accogliesse le sue paure e in cui poter dare loro voce.

«Io ho fatto una bambina», prosegue, «e mi ritrovo una cosa

sconosciuta in casa. Mi sento ingannata. Non me lo meritavo questo, dottoressa. Mia figlia è una sfigata, e io posso anche ammazzarmi di lavoro, ma non posso aiutarla. Non ha un problema che passerà, sarà una disadattata per tutta la vita.»

Mi dice che vedeva la figlia sempre più strana, aveva notato che si fasciava il petto, finché le ha chiesto i soldi per l'operazione di asportazione radicale dei seni.

Augusta è rimasta confusa e attonita.

Poi Briseide si è tagliata i capelli corti, ha adottato un nome d'arte, Sonny, e ai concerti del suo gruppo si presenta sul palco con una corona di corna e spine.

«Dovrebbe sentirla, fa un suono gutturale simile a un mostro. Mia figlia sembra avere il diavolo dentro. Non può stare bene. È rabbiosa con me, e io mi vergogno di tutto quello che fa e di quello che è. Mi aiuti, dottoressa, io non vorrei più vivere. Ho messo al mondo un essere anormale, sofferente, malato.»

Un giorno Augusta mi racconta un sogno: stava per partorire, ma invece del feto espelleva una specie di mostro verde gelatinoso con i denti aguzzi, aggressivo, in apparenza sofferente ma crudele.

È molto importante che sia riuscita a simbolizzare nel sogno ciò a cui non riesce a dare una forma, né a esprimere con le parole.

Le chiedo se Briseide sia seguita da un terapeuta, e per fortuna posso confrontarmi con il collega che se ne occupa. Lui mi fa il ritratto di un'adolescente con risorse e talenti, che vive il suo svelamento in maniera naturale. Dopo un periodo di forte autolesionismo, ora Briseide pare reggere bene il passaggio verso l'adultità, e sembra stare molto meglio della madre. Dal canto mio, so che il dolore acuto di Augusta sarà transitorio, ma anche che deve processarlo e attraversarlo tutto.

Nel mondo attuale svariati orientamenti rivendicano il proprio posto nell'arco esistenziale, dunque per i giovani è molto più agevole il confronto tra le varie identità di genere rispetto agli adulti, che appaiono spesso impreparati e ingessati in un pensiero che sa di antico e poco informato.

Il percorso di Augusta è lento, perché sta cercando di lasciare spazio al lutto dell'immagine della figlia idealizzata per fare conoscenza con quella vera. Deve guardare in faccia la nuova realtà, elaborarla e darle una forma, in modo da disseppellire l'amore rimasto sotto le macerie di quella comprensione così dolorosa, ma necessaria per Briseide per appropriarsi della sua vera identità.

Resto al fianco di Augusta, permettendole di esprimere il proprio disorientamento. Fino a quando il suo cuore non sanguina più. Riusciamo a parlare della creatività di Briseide, e piano piano l'orgoglio di madre riappare: è importante per lei riconoscere che quella è sempre sua figlia e che questa verità non può cambiare, qualunque scelta la ragazza voglia fare. Briseide è nata da lei, e tale certezza le terrà unite.

Dopo vari colloqui, Augusta non piange più, comincia a far spazio dentro di sé alla nuova identità della figlia. A mano a mano che Augusta non affoga più nel suo dolore, Briseide pare diventare meno aggressiva con se stessa. Trova un lavoro come grafica, ha un fidanzato e collabora con la madre in casa.

Oggi Augusta ha abbandonato il bisogno di controllare la figlia, che ama da una distanza più ariosa. Ha riportato il fulcro della sua vita su di sé, lasciando uno spazio di possibilità a Briseide per esplorare chi è. La sento serena, come se la tempesta fosse passata. Mi dice di riuscire finalmente a vedere la figlia, di apprezzarne l'onestà, e mi mostra sul telefono le grafiche dei siti internet che progetta per i suoi clienti. Ne parla con orgoglio e felicità, ed entrambe concordiamo che Augusta ha fatto conoscenza con la nuova Briseide, riuscendo a vederla come persona reale e non solo come il quadro rotto della figlia immaginata.

#Pensiamoci

Ti sei mai sentito visto davvero dalla tua famiglia?

Hai mai dovuto nascondere la tua essenza, le tue inclinazioni, per paura di non appartenere più al clan?

7
Di troppa famiglia

TROPPA o tanta, poca o niente, con la nostra famiglia e le nostre origini ci ritroveremo a fare a botte, i conti, oppure inchini e gesti d'affetto, se siamo fortunati. Come anticipato, gli eccessi e le carenze restano tatuati dentro di noi.

Vediamo ora cosa accade se l'intensità di erogazione di affetto è troppo alta o troppo bassa, se la presenza viene percepita dai figli come ingombro o come contenimento. Se le regole stritolanti prevalgono sull'incentivare l'esplorazione, se abbonda l'io di uno o di entrambi i genitori dall'ego lungo, se c'è un «noi» che include e incoraggia, oppure che amalgama in maniera indifferenziata, fagocitante e soffocante.

Ho potuto osservare che spesso un eccesso tenta di compensare e nascondere una carenza.

La famiglia può essere talmente imponente da allagare con il presunto affetto alcuni membri, o tutti. Sulla carta l'amore abbondante pare essere buona cosa: «Non mi hanno mai mai mai fatto mancare nulla» è una frase ricorrente nei miei pazienti.

«Forse era meglio invece che mancasse qualcosa?» chiedo in modo provocatorio, perché una gratificazione perenne e mai moderata può creare un'illusione nei figli, i quali potrebbero convincersi che il mondo fuori risponderà nello stesso modo. E così affronteranno la loro prima frustrazione con grande difficoltà, vivendola come una tragedia, provando un senso di inadeguatezza o di fallimento.

E il troppo poco?

La scarsità e la deprivazione rendono mendicanti. O falsamente autonomi. È probabile che le persone che hanno sentito carenze scambino briciole per cibo buono. Avendo patito così tanto freddo, magari resteranno accanto anche a una piccola fiamma, o si bruceranno perché non sanno regolare la distanza. Oppure, abituati a gelo e fame, vi albergheranno tutta la vita, non osando chiedere mai nulla per sé.

Una specie di madre

Ogni madre è una madre in quanto ha donato la vita a chi ha messo al mondo. Vorrei chiarire subito che non procederemo a esaminare varie tipologie per separare le mamme buone da quelle non buone. No: stiamo andando oltre una categorizzazione, per tentare di comprendere meglio l'universo della maternità, perciò qui parleremo di madri umane.

Non è scontato riuscire a essere una «buona madre». Mettiamo il caso che sia troppo presente: come può una madre essere troppa? Può.

Se pensiamo ai primi stadi del processo di crescita, il bambino viene nutrito, accudito e poi via via dovrebbe essere accompagnato nel divenire sé, attraverso snodi di individuazione e separazione, come abbiamo visto. Nelle fasi iniziali la madre lo contiene perbene, per poi allentare, distanziarsi, a mano a mano che il figlio cresce; si mette sullo sfondo, a disposizione, con la piena consapevolezza che essere madre è puntare al fatto che il figlio vada nel mondo con la schiena dritta. E, caso mai, che sia in grado di assecondare il vento, flettendosi, spettinandosi, ma restando in equilibrio anche in mezzo alla tempesta.

Laddove il materno straripa, il figlio rischia invece di rimanere impigliato in quell'abbondanza. Ci sono madri con una modalità assorbente, tanto bisognose dell'affetto dei figli da rischiare di rovesciare i ruoli trasformandoli in genitori e nutrendosi di loro. Una madre «troppa» è una madre che non molla, che resta a sua volta iperaccudente, evitando al figlio ogni difficoltà, permettendogli, per esempio, di restare a dormire nel lettone a tempo indeterminato.

Sul tema del sonno e del *co-sleeping* fino a un'età inoltrata si potrebbero scrivere diverse pagine. Non sto sostenendo che chi tiene i figli nel proprio letto sia un cattivo genitore, piuttosto mi pare che tentenni in quei famosi svincoli atti a sostenere la crescita di chi è più piccolo.

Facciamo una pausa e pensiamo. Se il compito di una madre è quello di incoraggiare il figlio a crescere sicuro e autonomo, trattenerlo nel lettone non significa dargli il messaggio: «Non mi fido che tu possa imparare a stare da solo con te stesso»? Purtroppo, è la madre stessa a non saperlo o volerlo fare, impigliata nella nostalgia della fusione uterina di quando il figlio era dentro di lei e la riempiva. Tante volte mi sono sentita dire: «Dottoressa, sono sincera, sono io che me lo voglio tenere più vicino che posso».

Altre volte, invece, il figlio diventa filtro tra i coniugi, prende il posto di uno dei due, mentre la barca della coppia fa acqua da tutte le parti.

Per quanto riguarda il cibo, poi, spesso il bambino viene nutrito anche quando non ne ha necessità, più del dovuto, con la conseguenza che non svilupperà muscoli per ergersi, allungarsi e andare a prendere ciò di cui ha bisogno.

Per spingere un figlio a muoversi, a trovare uno spazio tutto suo, è necessaria la scomodità: è la fame che spinge ad avventurarsi fuori dal nido, quando il cibo non abbonda più.

Lo stereotipo che vede la madre sempre impeccabile, disponibile, accogliente e provvista di tutti gli attrezzi necessari per accudire i figli è ormai quanto di più obsoleto possa esistere. La realtà ci porta a fare i conti con costanti sfide evolutive che anche le madri devono affrontare, pur se a loro volta gremite di buchi affettivi, mancanze di sponde relazionali e carenze tramandate di generazione in generazione. Se il contenimento di cui necessitava nostra madre ai tempi ha scricchiolato, o se invece è stata stritolata in maniera troppo rigida, è comunque un dato con cui dovremo fare i conti quando cresceremo e decideremo di procreare, ma anche se sceglieremo di non farlo.

Dovremo sempre arrangiarci con la quantità di madre che abbiamo ricevuto o non ricevuto. Per questo siamo qui a parlarne: per riconoscere anche solo quella goccia di madre avuta, fondamentale per la nostra vita e le nostre relazioni adulte.

Madri per forza

Non è solo il corpo a incidere sull'autostima, ma anche il riuscire bene nelle cose a cui la società di appartenenza dà valore.

A cosa, quindi, diamo valore oggi?

Il regolamento prescrive che per stare in questa società occorre avere un fisico di un certo tipo, possedere determinati oggetti, riuscire a fare tutto bene e più in fretta degli altri. Nella scala valoriale odierna, ai primi posti troviamo il guadagnare, ma non solo tanti soldi: anche tempo, per esempio. Fregare Kronos, il tempo cronologico, scalare le pareti di un futuro che incombe inesorabile.

Purtroppo, però, talvolta Kronos litiga con Kairos, secondo i greci un tempo giusto, il tempo interno a ognuno di noi che sa quando è il momento propizio per agire.

Oggi stare al passo con i tempi richiede frequentare i posti giusti, mangiare certi cibi, compiere determinate azioni. Nessuno ci insegna né ci raccomanda di prenderci un tempo per restare «a maggese», come un campo a riposo, in ascolto per fare la conoscenza di noi stessi.

Tra le cose che bisogna fare per tempo, prima che sia troppo tardi, c'è anche il diventare madre. Non si contempla nemmeno l'idea che una donna possa sentirsi pienamente realizzata senza procreare. Da qui l'ansia di donne anche giovani che, non avendo ancora trovato un compagno adeguato, spendono fior di quattrini per congelare gli ovuli, attuando così la pratica del *social freezing*.

Perché, se non siamo allineate oggi, l'astuzia prevede di anticipare il domani, pianificando di essere adeguate almeno in futuro. Come un conto che, impossibilitate a pagare, trasformiamo in cambiali: un pagherò, insomma. È sbagliato? No. È una delle tante possibilità. A mio avviso dev'essere una scelta ponderata, non fatta con superficialità, tanto per portarsi avanti.

Ricevo decine di messaggi da mie lettrici che dichiarano di non volere figli, eppure di sentirsi a disagio di fronte a una donna col pancione. Come se la gravidanza delle altre fosse lì a testimoniare la ribellione alla biologia da parte di chi, invece, la gravidanza non la cerca.

Ogni donna dovrebbe poter contemplare le varie sfumature di maternità possibili in maniera serena, adulta e consapevole, non in risposta a una pressione sociale. E considerare, tra le possibilità, anche quella di non generare un figlio senza che questo venga percepito come un fallimento personale.

Il panorama attuale, invece, non prevede queste diverse sfumature che, tuttavia, iniziano a comparire, sparse e silenziose. Accanto a donne anche molto giovani che sono tornate a fare figli presto, coesistono scelte opposte e sempre più coraggiose: perché, diciamolo, per andare contro il *mainstream* occorre una buona dose di audacia.

Tante indossano l'assenza di pancione con disinvoltura, altre al pancione non cedono, ma con un certo disagio, sentendosi in colpa. Donne infertili si sentono difettose, al pari di altre che hanno paura o non si sentono portate per la maternità.

È necessario sdoganare il diritto sociale di posizionarsi nell'arco materno dove più ci si sente a proprio agio, cancellando obbligo e colpa e inserendo il tag #possibilità. Ben venga chi si immerge nel desiderio materno a piene braccia, ma sia benvenuta anche colei che tentenna, cambia idea, volge lo sguardo altrove.

Occorre che sia ben chiaro che figliare non è un obbligo, ma una scelta.

Possiamo con serenità sottolineare e autorizzare ogni forma di volontà: il mondo andrà avanti anche se Carolina, quarantatré anni, senza fissa relazione, poco incline a pannoloni e dentini, si dichiara esonerata dal riprodursi. Ci sarà Alessandra, venticinque anni, che, invece, sogna una famiglia numerosa fin da bambina, si offre sempre di accudire i figli di tutti e si vede madre in futuro.

Come si diceva, la tendenza sempre più diffusa tra le giovani donne è quella di congelare gli ovuli presso vere e proprie banche che offrono il costoso servizio. Trentenni in bilico tra carriera e «non so» sentono incombere l'orologio biologico, e la pressione sociale. È difficile, infatti, ignorare le centinaia di mamme influencer che fanno dei figli il proprio prodotto di sostentamento, finendo per far sentire diversa e sbagliata chi non ha un pargolo da fotografare e pubblicare sui social.

L'istinto di tramandare la propria genealogia è innato e atavico. Ogni donna, che desideri avere figli o meno, ha dentro di sé un dispositivo che la porterà a provare tenerezza per un bambino. Sono rare quelle che non si sentono minimamente intenerite e addolcite da un neonato nella culla. Dal canto loro, i volti dei bambini sono stati selezionati con tratti e forme atti a intenerire. Tirando in ballo di nuovo Darwin, è un meccanismo che garantisce l'evoluzione della specie.

Ovviamente, questa è una generalizzazione. Non è necessario specificare che esistono invece donne che non sono attratte dai bambini, né interessate a riprodursi, e provano fastidio per tutto ciò che è infantile.

Questo accade anche, e forse soprattutto, a chi ha già avuto figli, come se la biologia mutasse a seconda del ciclo di vita. Una volta procreato e portata a compimento l'educazione della prole, subentrano altre priorità. Basti pensare, per fare un esempio semplice ma efficace, al fatto che sul mercato, accanto all'ampia offerta di *family hotels*, c'è una altrettanto abbondante presenza di strutture che non accettano bambini: segno che parte del mondo adulto predilige la separazione tra ferie in compagnia di infanti e luoghi dove riposare senza «marmocchi». Specie se «hanno già dato».

Detto questo, è un peccato che si rifletta così poco sulla necessità di essere madri, prima di tutto, di se stesse. Le storie che seguono raccontano di donne che non hanno saputo e potuto dare sicurezza ai figli perché ancora avvolte in un loro irrisolto, disconnesse e distanti. Talvolta la radice è da ricercarsi in un tempo lontano, e non sempre è facile: spesso non abbiamo la possibilità di sapere com'erano le madri delle nostre madri, e via a ritroso.

Di fatto, però, c'è una linea che giunge fino a noi e, per quanto storta o sfilacciata, è la nostra linea: se non la comprendiamo nel profondo non potremo interrompere il ciclo. Chi ha il coraggio di ripercorrere il proprio albero può comprendere a fondo e scegliere di generarsi di nuovo prima di procedere nella vita, rivolgendo a sé quelle cure mancate che hanno causato tanto dolore.

Figli delle farfalle

Delle caratteristiche dei figli di genitori con problemi di alcol e sostanze ho parlato nel mio primo libro, *Di troppo amore*,* raccontando la storia di Amanda. Esistono moltissimi studi e trattazioni scientifiche a riguardo; ben poco si parla, invece, dei problemi delle persone che hanno avuto madri con problemi di anoressia o altri disturbi alimentari. Non c'è sufficiente letteratura in merito, o meglio, la ricerca si è occupata del disturbo della condotta alimentare presente sia nei genitori sia nei figli. Dei loro figli con una condotta alimentare sana non si parla, anche se sembrano aver avuto grossi disagi e sofferenze con le relazioni affettive. Nel mio piccolo osservatorio, sono giunta a ipotizzare che ci siano correlazioni non ancora indagate tra madri con disturbi del comportamento alimentare (DCA) e figli con dipendenza affettiva.

Azzurra: la figlia invisibile

Vista l'enorme richiesta, periodicamente mi rendo disponibile per un parere a chi sente un nodo relazionale irrisolto e

* Ameya Gabriella Canovi, *Di troppo amore*, Sperling & Kupfer, Milano 2022.

vuole portare nel colloquio una domanda precisa. Spesso sono persone che hanno fatto un percorso psicoterapeutico, o lo stanno ancora facendo, e vogliono confrontarsi con me sugli aspetti di cui mi occupo, in genere le relazioni.

Con Azzurra ho avuto un'unica consulenza, ma il suo modo di narrarsi mi ha colpita molto.

Si presenta da me con una diagnosi fatta da un collega: «Personalità con forti tratti narcisistici». Mi domanda: «Dottoressa, come posso ferire meno le persone che mi stanno attorno? Vorrei imparare l'empatia».

Inoltre, mi porta un quesito che finora mai nessuno mi ha posto. Mi chiede se conosco qualche gruppo di auto mutuo aiuto per chi è cresciuto con una madre che soffriva di anoressia (Azzurra non ha mai avuto quel problema). «La prego, mi aiuti», mi dice, «mi sentirei meno sola se sapessi che c'è qualcuno che ha passato quello che ho passato io.»

Faccio una ricerca tra colleghi che si occupano di disturbi alimentari, chiedo ai massimi studiosi sistemico-relazionali in Italia: non ci sono né testimonianze disponibili, né tanto meno gruppi di sostegno. Umberta Telfener, psicoterapeuta sistemica, docente universitaria e accademica riconosciuta a livello internazionale, al mio quesito risponde: «Non ci sono, li dobbiamo creare».

Decido di chiedere ad Azzurra di scrivermi la propria storia, come un messaggio dentro una bottiglia, sperando che possa raggiungere altre persone. E lei accetta.

Papà sembrava Robert Redford nel film *La stangata*. Me lo ricordo con l'impermeabile Burberry e la sigaretta perennemente accesa, mentre mi accompagnava a scuola: privata, straniera, rigorosamente la più cara e prestigiosa della città.

A quattro anni scrivevo e leggevo, parlavo due lingue e ogni sforzo di mio padre era volto a stimolare la mia intelligenza.

Non poteva mica avere una figlia intellettualmente mediocre, lui. Tutti avevano almeno due lauree nella nostra famiglia, nobile, di intellettuali, banchieri, politici, imprenditori, diplomatici, generali e ammiragli. Nessuno era uno qualsiasi, in casa nostra.

Papà era un uomo affascinante, carismatico, ironico e arrogante, perennemente al centro dell'attenzione, con la folla di colleghi e amici ad ammirarlo. Tutti lo adoravano, in superficie era irresistibile.

In casa, però, come un clown che si toglie la maschera, diventava gelido, spesso esplodeva in scatti d'ira incontrollabili, a cui subito dopo subentrava il nulla. Il silenzio.

Specie con mia madre, la cortina di ferro era impenetrabile. Lui muto, mentre lei canticchiava continuamente.

Non li ho mai visti tradire un briciolo di amore. Mio padre si chiudeva nel suo studio e non poteva essere disturbato. Ne usciva soltanto per giocare con me, ai giochi che decideva lui, quando decideva lui. Giochi che riguardavano solo ed esclusivamente la sua passione: il mare. Barbie? Altre bambole? Mai. Io mi chiamo Azzurra come l'acqua, come la barca che partecipò alla Coppa America, e come la sua prima barca. Chiaramente sarà stato l'avvocato Agnelli a copiargli il nome, mica il contrario.

In una certa Milano la vela era lo sport da praticare e i trascorsi all'accademia navale erano obbligatori. Di sicuro lo erano per un superavvocato di successo come lui.

I miei genitori erano esteriormente perfetti, la famiglia del Mulino Bianco versione alta borghesia. Mia madre, di vent'anni più giovane di lui, era di una bellezza straordinaria, gli occhi blu come il mare sardo tanto amato da papà. Avvocata agli inizi della carriera, di famiglia umile, con una madre tirannica, aveva visto in mio padre il suo pigmalione. E lui in effetti l'aveva aiutata con la carriera, aprendole ogni porta. Scapolo d'oro, l'aveva conosciuta a ottobre e, rapito dalla sua bellezza, l'aveva sposata a dicembre con un matrimonio lampo per pochi intimi. Peccato che la bellezza di mamma, fatta di un'eterea magrezza, non fosse un dono naturale del Dio metabolismo. Diana, mia madre, era anoressica da sempre.

Negli anni si erano alternati periodi più gravi, quando arrivava a pesare trenta chili, a fasi bulimiche durante le quali ne pesava quarantotto, abuso di metanfetamine e lassativi, tentativi di suicidio, comportamenti che avrebbero richiesto l'intervento di un professionista. Poi era rimasta incinta, non so come, lei che non voleva figli, lei che «Erode era un sant'uomo». Ma mio padre aveva insistito perché non abortisse, e così sono nata io.

Persino la data era perfetta, era il giorno del solstizio d'estate. Mio padre era felice; tra l'altro, gli somigliavo così tanto.

Sono cresciuta con una mamma che mi detestava. Ero quella che in gravidanza l'aveva fatta ingrassare, l'avevo resa madre, femminile, sebbene lei non lo volesse, e questo non me l'ha mai perdonato. Mi maltrattava anche fisicamente. Mi puniva per il solo fatto di esistere. Mi faceva subire qualsiasi tipo di sopruso psicologico, come ingozzarmi di cibo e poi mettermi a dieta. A quattordici anni ero alta un metro e settantacinque e pesavo sessanta chili: secondo lei il dietologo era necessario.

Io, dal canto mio, facevo di tutto per essere perfetta, per raggranellare qualche briciola di amore che non arrivava mai. Prendevo ottimi voti, ero brava in tutto, *enfant prodige* nella musica, scrivevo sul giornale della scuola. Tutto questo sembrava non contare nulla per lei.

A otto anni ho iniziato a soffrire di diabete. Ero una figlia cronicamente imperfetta, una vergogna. Avevo così paura di lei che vivevo con la glicemia perennemente scompensata.

Papà era il mio salvatore: ogni tanto, quando si ricordava

di me, mi esibiva ai colleghi, mi costringeva a mostrare quanto fossi intelligente e brava a scuola, a suonare il piano, mi istruiva sulla vela, sul nuoto, sulla marineria. Dovevo essere la sua degna erede. Non esisteva altro: ero il suo «mini me», la sua marionetta, la cagnolina che lo guardava adorante. In pubblico era l'emblema del padre perfetto, un tripudio di foto e filmini di noi due felici. E quando provavo timidamente a dirgli che mamma mi trattava male, lui rispondeva che mamma era pazza, ma questo dovevamo saperlo solo io e lui.

Della mia malattia non ha mai parlato. Non esisteva. Io per lui non ero malata, la mia salute era una «cosa» di mia madre, un vezzo. Lui a quella roba lì non credeva.

Una volta finita l'infanzia, papà decise che il cucciolo era cresciuto, non gli serviva più ad attirare l'attenzione e a fargli vincere il premio di padre dell'anno. Iniziò a ignorarmi. Un *ghosting* familiare *ante litteram*. Semplicemente non esistevo più.

La cosa più difficile da accettare, ora che sono adulta e che, dopo anni, ho acquisito un barlume di consapevolezza, è stata che non solo mia madre ma anche mio padre erano disturbati. Che la mia famiglia era anormale. E che non ci fosse nessuno a proteggermi.

Tuttora, mi rendo conto che giustifico gli abusi subiti e che perpetro negli altri i medesimi comportamenti malati.

Quando cresci in una famiglia del genere è molto difficile venirne fuori vivi.

Sono Azzurra, ho trentacinque anni. Dai miei genitori, morti in un incidente sulla strada per Cortina d'Ampezzo, ho ricevuto una cospicua eredità, gli occhi color del mare e una diagnosi di cui non vado fiera, quella di disturbo post traumatico da stress e marcati tratti narcisistici di personalità.

Sono come loro.

Solo che io ho deciso di curarmi. Mia madre e mio padre

non si facevano domande. Io mi sento come il protagonista del film *Intervista col vampiro*: scelgo di non mordere più.

Stella: mia mamma è una piuma

Stella, invece, è stata a lungo mia paziente e voglio raccontare anche la sua storia con le sue stesse parole, scritte in una notte di solitudine e malinconia, che indicano un viaggio dentro di sé profondo, doloroso e consapevole.

Sono figlia di una madre anoressica. Premetto che non è mai arrivata all'estremo di rischiare o compromettere la sua vita, ma aveva una «fissazione» molto pervasiva per quanto riguarda l'alimentazione. Avere una mamma che ha sempre pesato quaranta chili e che con un soffio di vento avrebbe potuto volare via ha condizionato in gran parte la mia educazione.

Una madre – tengo a sottolineare – molto affettuosa e presente, forse fin troppo: non ricordo sgridate (forse perché ero una bambina buonissima, mai fatto un capriccio), solo affetto e tanta malinconia. Sì, perché il problema era un sottofondo di malinconia che l'accompagnava sempre, dovuto forse al suo essere rimasta orfana di madre, un «vuoto» che si portava dentro e che istintivamente sentivo di dover colmare.

I miei genitori andavano e vanno d'accordo, si percepisce da sempre l'amore tra di loro, ma questo amore per lei non è mai stato sufficiente. Io stessa non costituivo per mamma una motivazione sufficiente per sopravvivere, mi è sempre stato chiaro. Le sue afflizioni, il suo malumore, le sue tristezze improvvise, insieme al suo essere spesso malata e perfino ospedalizzata (non a causa dell'anoressia, aveva sempre qualche problema di salute risolvibile ma serio) mi facevano camminare sulle uova.

Il rituale del pranzo e della cena, poi, era estenuante. Io mangiavo, ho sempre mangiato di tutto e volentieri, mangio con gusto ma difficilmente esagero: incredibilmente ho molto equilibrio in questo aspetto della vita, ascolto il mio corpo e i suoi segnali. I pasti erano difficili in famiglia perché io e mio padre – con il quale ho da subito stretto un'alleanza genitoriale, da «amanti clandestini», direi, senza ovviamente l'aspetto erotico del termine «amante» – dovevamo controllare mamma, quanto cibo mettesse nel piatto, quanto ne avanzasse... Il sottofondo, oltre alla tv, era la voce di mio padre: «Mangia, Sofia, mangia», a cui facevo eco io: «Non hai mangiato niente, mamma!!!» La sgridavo, io piccolissima, perché allontanava da sé il piatto mezzo pieno.

Ha sempre avuto il corpo di un uccellino, molto piccola e magra. Non so se si sentisse carina, credo apprezzasse il proprio viso e gli splendidi occhi verdi; di sicuro il corpo era come se non lo vedesse, lo ha sempre e solo nascosto. Si curava molto, questo sì. Tutti i giorni tailleur, camicetta coordinata, tacchi e trucco impeccabile, che richiedeva circa mezz'ora ogni mattina. Non la ricordo invece in piedi sulla bilancia, ma sono certa che avesse la fissazione di non superare i quarantacinque chili.

Quando era incinta era ingrassata pochissimo, aveva seguito una dieta rigida e alla mia nascita (sono figlia unica) ha immediatamente perso il peso acquistato. Non aveva latte, così sono stata alimentata da subito con quello artificiale, cosa che so averle procurato sensi di colpa e di inadeguatezza. A volte mi spaventava dicendo che avrebbe voluto morire giovane, che mai e poi mai avrebbe voluto invecchiare; altre volte per mostrarmi quanto avrebbe voluto diventare magra faceva una smorfia, ritirando le guance all'interno della bocca... Pensava di farmi ridere, ma io urlavo di smetterla, che mi sembrava la sua faccia da morta! Pareva non capire la sofferenza che mi procurava quel «gioco». Nel tempo il suo rapporto col cibo è migliorato, ma quando pranzo a casa dei miei genitori, ancora oggi rituali e parole tra noi sono gli stessi di quarant'anni fa: «Hai preso troppo poca pasta.» «No, mi basta! Basta, basta!»

Crescendo, avevo sempre paura per lei, ma allo stesso tempo mi ero creata uno scudo protettivo: volevo più bene a mio padre. Era lui il mio unico punto di riferimento, e anche quando sono diventata adulta mi sono ritrovata a fare da psicologa a mia madre, incapace (lei) di affrontare la mia adolescenza. Paradossale: io in ribellione totale a spiegare a lei come fare a crescere. Perché la mia adolescenza la metteva di fronte a se stessa e la svelava per quello che era: una bambina.

Ancora oggi mi ritrovo spesso ad aiutarla ad affrontare le sue fragilità, che mi fanno più male delle mie. Anzi, le mie ho imparato a tenerle per me, a nasconderle, a mostrarmi sempre coraggiosa. Le persone mi credono forte e sanguigna, molto reattiva. Non mi fermo quasi mai troppo a soffrire; devo sempre reagire. E finisco spesso per circondarmi di amici (anzi, amiche, in primis) molto bisognosi, che devo accudire e aiutare di continuo, che narcisisticamente penso di avere il potere (insieme al dovere) di salvare.

Tutto è paradossale in me: sono una dipendente affettiva, eppure a me penso sempre io, da sola. È raro che chieda aiuto e odio non sentirmi forte ed equilibrata.

Ho una relazione con un uomo sposato, un uomo che non c'è, al quale non posso affidarmi nel momento del bisogno e che, a sua volta, ha altre persone cui aggrapparsi. Non mi rende felice, mi offre poco spazio, ma io non so lasciarlo. Non so nemmeno bene come restare. Mi sento sempre in bilico, né con, né senza.

Avverto costantemente tutta la precarietà e la malinconia del nostro rapporto, ma rimuovo questo aspetto ripetendomi che ho me stessa e che da sola ce la faccio. Non so se sia la verità. Forse è soltanto un'idea cui mi aggrappo per non sprofondare, per continuare a reagire. Mi sento come una piccola zattera in un mare in tempesta. Tutto attorno a me è sempre in subbuglio e può franare da un momento all'altro, ma io galleggio, sono fatta di un materiale che non affonda e mi aspetto che da qualche parte, prima o poi, arriverò.

Tuttavia ho paura, anzi: vivo nella paura. Paura di perderlo, che un giorno o l'altro smetta di venire da me, che lui o sua moglie si ammalino e questo possa diventare un ostacolo insormontabile per la nostra relazione. Paura che qualsiasi cosa, la guerra o un lutto, me lo portino via. Ho paura anche per me, per il mio futuro, e a volte mi rattristo all'idea di quanto poco io mi faccia bastare: da cinque anni, un paio di incontri alla settimana, quasi sempre tra le mura di casa mia, e messaggi quotidiani su una chat segreta che ha creato ad hoc. Ma poi mi dico che evidentemente questa situazione fa per me, che in parte converge con quanto ho imparato in famiglia, dove ero la figlia ma anche «l'amante», la donna più importante della vita di papà… O forse no? Forse anche allora non ero la prediletta, come mi illudevo di essere, ma soltanto una complice che, aiutando mio padre a mantenere in vita mia madre, contribuiva a mantenere in vita la loro relazione, in maniera speculare a quanto faccio ora con il mio amante. Quando mi crogiolo nell'illusione di essere la prediletta, a dispetto di ogni evidenza che afferma il contrario, penso: se lo fossi davvero lui vorrebbe stare con me, invece l'unica con cui vuole dividere la sua vita è la moglie. (Ho visto alcune sue foto spiando sui social ed è bizzarro, ma mi accorgo solo ora che qualcosa nella sua espressione mi ricorda mia madre.)

In ogni caso, non do la colpa a nessuno. Sono certa di essermi scelta io questa situazione, perché per me, nonostante tutto, presenta svariati vantaggi secondari: la passione sempre altissima e in crescendo nonostante il tempo che passa, l'illusione di sentirmi amata, o perlomeno oggetto di desiderio, bisogno per me insopprimibile. So che queste cose non sono propriamente amore, ma mi appagano. Poi c'è un prezzo da pagare e lo pago. Sono una brava figlia, anche in questo. Non rompo le scatole, sto buona, non faccio mai un capriccio. Se gli do solo gratificazioni e nessun motivo di lamentela, perché mai dovrebbe lasciarmi?

Mi chiamo Stella, ho avuto una madre che pesava come una farfalla, che si è sempre nutrita di briciole. E io sentivo di non esistere. Proprio come nella storia con lui, che è sposato con un'altra. E mangio anch'io le briciole della vita. Come mia madre.

Trovo che la storia di Azzurra e quella di Stella siano utili per osservare che madri non nasciamo. Scegliamo, o la vita lo fa per noi, di mettere al mondo un bambino, ma tra noi e lui ci saranno i nostri fardelli irrisolti. Una specie di ingombro tra l'amore e il deserto emotivo in cui, purtroppo, talvolta abitiamo. Tra una madre e il figlio ci sono storie accumulate, vissute non solo da lei, ma da tutte le madri che l'hanno preceduta. Ai fini della nostra comprensione di cosa accade in famiglia e di come questo poi si declina nella vita dei figli, queste due storie sono molto interessanti.

Senza voler colpevolizzare o giudicare nessuna madre, possiamo pensare che un disturbo alimentare lasci tracce importanti nei figli, soprattutto nelle figlie. E ipotizzare che una madre farfalla cresca affamando la figlia non tanto di cibo, quanto di uno sguardo incoraggiante e pieno, essendo persa nel proprio bisogno di scomparire, di controllare sé e il proprio caos. E che queste figlie poi andranno a cercare briciole d'amore anche dove non c'è, ripetendo il copione materno, o meglio reinterpretandolo nella sua essenza.

Come ho già sostenuto nel mio primo libro e negli articoli che scrivo da anni sulle nuove dipendenze, il disordine alimentare è figlio di un malessere affettivo e va ad aggiungersi a una catena di sofferenze preesistente. Spesso cela l'assenza di una madre a sua volta persa in un dolore.

In alcune storie che ho raccolto, le figlie di donne affette da anoressia o da altri disturbi alimentari riferiscono una modalità controllante della madre sul loro corpo, colpevolizzandole se in sovrappeso, o raccontano di essere state iperalimentate: «Mia madre ingozzava me e lei non mangiava mai». A un sondaggio che ho proposto tempo fa in rete, molte giovani adulte figlie di donne con disordini alimentari hanno risposto di aver avuto problemi col cibo.

Come dicevamo, non ci sono ancora molti studi sulle figlie adulte senza DCA che avevano madri con anoressia o altri disturbi della condotta alimentare. Cosa è accaduto a quelle figlie (e figli), anche se non hanno sviluppato essi stessi un disturbo alimentare? Un'interessante ipotesi di ricerca nell'ambito della psicologia sociale sarebbe dunque indagare se esista davvero una correlazione tra donne adulte con conclamata dipendenza affettiva e madri con DCA.

Quando ho posto questo breve quesito in rete, esplicitato in maniera semplice, invitando chi volesse a scrivermi la propria storia in forma anonima, ho ricevuto una quantità di messaggi significativa. Donne che raccontano di avere un disturbo alimentare come la madre e la nonna, altre che riferiscono di una madre bulimica, obesa e iperfagica, altre ancora che mi chiedono se non è possibile lo stesso esito con una madre che ha sofferto di depressione.

Nuove ipotesi di ricerca sono necessarie per il mondo accademico. Compito dello psicologo sociale è trovare relazioni di causa effetto, rilevare i fenomeni, metterli in prospettiva.

Esistono quindi correlazioni tra disturbi alimentari e dipendenza affettiva?

Da questa prima piccola inchiesta del tutto non scientifica ho avuto la conferma di quanto nostra madre, non solo se affetta da un disturbo alimentare, lasci tracce talvolta sanguinanti dentro di noi. Il mio lavoro consiste nell'aiutare le mie pazienti a fermare quell'emorragia di dolore, e insieme a loro, come un'archeologa, andare alla ricerca di quelle tracce buone che ogni madre lascia, comunque, alle figlie. Non fosse altro che il grembo che le ha accolte e donate alla vita.

L'amore muto

Durante il viaggio per raggiungere la località che ho scelto per scrivere questo libro mi sono trovata a condividere una tratta con una madre asiatica, dalla provenienza per me non ben identificabile. Era sola, e portava con sé il suo piccolo che avrà avuto sette o otto mesi. Il bambino ha pianto per tutto il tragitto in maniera disperata, addormentandosi sfinito solo per alcuni minuti. Ho chiesto alla donna se avesse bisogno di aiuto, se il bimbo avesse la febbre, e lei ha risposto laconica: «*He's fine, only tired*», sta bene, è soltanto stanco.

Di questo episodio mi ha colpito la distanza emotiva, in quel momento, della madre verso il figlio. Lo teneva tra le braccia ma sembrava non essere lì, non rispondeva ai suoi lamenti, non gli rivolgeva parole accoglienti, non lo cullava né giocava con lui, non pareva avere una cassetta degli attrezzi per riparare quella disperazione in atto. Non esprimeva comprensione o parole dolci, si limitava a scuoterlo a lungo, in modo meccanico, cercando di silenziarlo, ripetendo senza successo *shh*, *shh*. Qualcuno del personale di volo si affacciava di tanto in tanto, portandole qualcosa per calmarlo. Il bambino si incuriosiva, giocava per pochi minuti, poi riprecipitava nel suo abisso, solo e sconsolato.

Sono tante le lenti con cui potremmo interpretare questo episodio: fattori culturali, sociali e individuali, come la personalità della donna. L'ho riportato per condannare la madre?

No, affatto. A mio parere quella donna aveva soltanto bisogno di essere aiutata a trovare gli strumenti emotivi utili per comunicare con il figlio e riconoscerne gli stati d'animo. Dal mio punto di vista esterno, il legame tra i due era molto flebile. Due monadi che non riuscivano a raggiungersi, un linguaggio mancante da parte della madre per essere di conforto al proprio piccolo. Facilmente quella donna, da figlia, poteva aver avuto le stesse carenze, o forse ancora più gravi. E se la catena non si interrompe, è probabile che quel bambino sarà irregolare negli affetti nella relazione adulta, manifestando magari una modalità evitante e anaffettiva.

Significa che quella madre non ama il figlio?

Non credo.

Talvolta l'amore resta muto e non riesce a uscire. Ma non vuol dire che non ci sia: manca il mezzo per esprimerlo, come quando il cellulare non ha campo.

Invito tutti a cambiare lo sguardo giudicante verso le madri ritenute imperfette.

Come abbiamo già affermato, non basta partorire un figlio per diventare nell'immediato una (buona) madre. È necessario imparare a esserlo, facendo prima i conti con la propria mancanza di un materno.

Il principio materno e quello paterno sono costrutti complessi. Nel nostro collettivo sociale, tuttavia, c'è una forma di condanna più implacabile per chi non attua il modello materno idealizzato, sempre sorridente. Oggigiorno si vuole una madre performante, capace di fare la dirigente d'azienda e allo stesso tempo di presenziare ai saggi scolastici dei figli, di programmare il menù ottimale e bilanciato per una settimana e svegliarsi alle sei del mattino per fare Pilates, perché nonostante abbia tre bambini deve essere in perfetta forma fisica. Poi ci si aspetta che prepari i pancake a colazione e saluti i figli con allegria, mentre il padre – che ha come compito soltanto quello di portarli a scuola – li aspetta distratto sulla porta di casa, vestito di tutto punto con la valigetta.

Urge riconfigurare il paradigma materno e discolparlo di eventuali imperfezioni per aderire alla realtà, che si manifesta in maniera ben diversa da come la vorremmo.

Figli di un calendario

La routine dà sicurezza, soprattutto a chi deve far funzionare tutto. Così, diversamente dalla mamma in aereo che non sapeva consolare il figlio, altre madri sembrano attrezzatissime. Tuttavia, finiscono per barattare la creatività con l'organizzazione. Costruiscono tabelle orarie impeccabili e hanno, come si suol dire, «tutto sotto controllo». Agenda e calendario alla mano, incastrano famiglia, lavoro, tutto. Tranne le proprie emozioni. E, di conseguenza, quelle dei figli.

Luisa: mamma orologio

Seguo Luisa perché soffre per una *liaison* finita suo malgrado. Si è invaghita del vicino di casa. Abitano in una grande città, lui vive con la famiglia al piano sotto il suo e ha un grande terrazzo dove si rilassa leggendo o invitando gli amici per un barbecue. Luisa lo vedeva dal balcone, ogni tanto lo incrociava in ascensore, si scambiavano solo un «buongiorno» o un «buonasera». Di lui sapeva che si chiamava Raffaele, andava in bicicletta, aveva un lavoro importante e poco altro.

Un giorno di agosto, quando le famiglie erano in vacanza e loro invece erano rimasti in città, lui ha guardato in alto verso il terrazzo di Luisa, ha sollevato il calice che aveva in mano e l'ha invitata a bere del vino bianco ghiacciato. È stato molto cortese e dopo il brindisi le ha chiesto il numero di telefono. Nient'altro. Dopo qualche mese le ha mandato gli auguri di buone feste e da quel momento è iniziata una relazione virtuale.

Luisa aveva un matrimonio bianco, desessualizzato e depolarizzato come nel caso di Lucrezia. Aveva fame di occhi che l'ammirassero, e quella fame le è stata fatale.

Non aveva mai pensato di tradire il marito. Hanno avuto tre bambini, lei si è fatta in quattro per conciliare il lavoro – è manager di una grande multinazionale – e la famiglia. È una madre organizzata, ma da un punto di vista emotivo, non vede i figli. Li veste, li alimenta, certo. Ha un programma perfetto, in cui le sbavature della realtà non sono contemplate.

Lei e Raffaele hanno messaggiato così tanto che alla fine c'è stata la classica escalation: un caffè, un pranzo, il motel. Si sono sentiti per circa un anno, vedendosi in tutto quattro o cinque volte.

Raffaele è stato subito chiaro: «Niente legami extra nella mia posizione». Poi ha diradato i contatti, lasciando Luisa in preda a una dipendenza emotiva e affettiva. O meglio, portando a galla il nodo irrisolto che si slatentizza con una certa persona: la ferita del dipendente affettivo resta dormiente fino a quando non incontra l'innesco che la porta alla luce.

Raffaele, invece, ha attuato con Luisa quello che definisco «bancomat emotivo»: ha utilizzato la loro relazione per rinvigorire il proprio matrimonio, ha fatto rifornimento di energia, si è concesso il picco adrenalinico tipico di un'avventura, poi è rimasto ben saldo nella sua vita, proteggendo lavoro e famiglia da grandi scosse.

Quando la vedo per la prima volta, noto che Luisa non sorride mai.

È bella, elegante, funzionante. E triste.

L'amarezza per aver respirato quella trasgressione e averla persa la rende una statua di marmo. Luisa si aspettava attenzioni da Raffaele, avrebbe voluto separarsi dal marito, vagheggiava una convivenza con lui. Insomma, nutriva fantasie di un amore vero, corrisposto, di una vita erotica che col padre dei suoi bambini non aveva più, o forse non aveva mai avuto.

Inoltre, è preoccupata per uno dei tre figli, che ha sviluppato una malattia autoimmune.

Nonostante si presenti sulla carta come una Wonder Woman, la sua vita pare fare acqua da tutte le parti.

Andiamo a esplorare la malinconia che alberga perenne nel suo cuore.

Luisa ha perso il padre a sedici anni. Mi mostra una foto in cui lui la guarda adorante e la tiene per mano. Ho di fronte una vera principessa, che ha lasciato il cuore a papà e non vede Raffaele, ma solo una sua proiezione. Lui è stato chiaro, brutale, conciso. Lei non ha colto, non ha ascoltato e si è creata un altro Raffaele, sperando di ricevere da lui quello che non può darle. Luisa ha la propria visione della cosa, e se l'altro non corrisponde alle sue aspettative ne fa un dramma.

Sua madre, dopo essere rimasta vedova, non si è riaccompagnata, e ora si dedica ai nipoti. Ha un controllo totale della figlia, vuole sapere tutto, cosa prepara da mangiare e dove sia in ogni momento. La chiama in continuazione e le suggerisce come comportarsi e che cosa dire. Le offre sempre le proprie soluzioni ai problemi e si aspetta che la figlia viva seguendo le sue indicazioni.

Questa rendicontazione ai genitori nonostante l'età adulta è molto frequente nelle famiglie italiane. Nonostante sia ultraquarantenne, Luisa considera normale chiamare la mamma più volte al giorno, mettendola al corrente di ogni dettaglio della sua vita. Si confida con lei, raccontandole la propria infelicità col marito. La madre ha un imperativo categorico in proposito: «La famiglia non si lascia».

Indaghiamo allora il mito familiare di Luisa, che è proprio quello: la famiglia è al di sopra di tutto. Per la famiglia ci si annulla. Perciò, il mandato di Luisa è: «Sii una moglie perfetta, una madre impeccabile. E guai a te se ti separi, piuttosto fingi». E lei finge.

Nel nostro percorso scopriamo che Luisa ha ricevuto un messaggio dal padre: «Ci sono qui io per te», così si è illusa che il mondo sarebbe stato facile come lo era stato grazie a papà. Cerca negli uomini lo stesso accudimento, ma finisce per trovare il gelo dell'assenza del padre, morto all'improvviso. Ha cercato di compensare gli imprevisti della vita diventando iperorganizzata, precisa come un orologio, tuttavia vaga in cerca di quelle attenzioni avute e che poi le sono state sottratte di colpo.

Una notte Raffaele viene portato via in ambulanza per un infarto. E giunge l'imprevedibile a scompigliarle la vita, ancora una volta. Luisa segue tutto dalla finestra e sente di aver perso anche l'ultima speranza di un principe su un cavallo bianco che la porti via dalla sua infelicità.

Tempo dopo accetta la corte di una collega di lavoro.

Invaghirsi di una donna non era nei suoi piani, non era previsto. E di nuovo la vita bussa ingovernabile alla sua porta.

Con Roberta è un amore lampo. Luisa inizia ad avere le stesse speranze che nutriva con Raffaele, quelle di una relazione riparatoria. Roberta si stanca molto presto delle sue richieste e aspettative e decide di chiudere quella breve storia, lasciandola più prostrata e delusa che mai.

Alla fine del nostro percorso, Luisa comprende che sta inconsciamente ripetendo lo schema delle donne della sua famiglia, remissive e infelici. Soprattutto, col suo matrimonio bianco e il non volersi assumere la responsabilità di romperlo, sta replicando la vedovanza volutamente scelta dalla madre. Inoltre, rimetteva in scena il copione materno di «fatica» e «sacrificio» come dimostrazione di perfezione e di amore.

La dolorosa consapevolezza della «replica della vedovanza» è il *turning point* del nostro percorso, il punto di svolta, un passaggio fondamentale, la prima reale spinta a voler uscire davvero da quella condizione.

Luisa ha finalmente smesso di aspettare che qualcuno arrivi ad aggiustarle la vita. Non si illude più di poter controllare tutto, di voler essere perfetta e di chiedere perfezione ai figli. L'esperienza di un ennesimo vuoto causato dall'abbandono non la spaventa più: ora sa di doverlo riempire con le sue risorse. Ha capito che è solo salutando quel padre con un «grazie» che potrà diventare adulta e prendersi la responsabilità della propria vita, delle proprie scelte.

Da qualche mese ha iniziato il percorso di separazione, affrontando la delusione della madre e abbandonando i sensi di colpa per non essere la figlia ideale che ha sempre cercato di essere. Passaggio necessario come un varco verso la sua libertà.

Ripeto: le madri sono madri. Il modo in cui ognuna interpreta il principio materno viene filtrato dalla storia personale e da molte altre variabili. Ci sono mamme che possono solo alternare presenza e assenza, in quanto hanno ancora un irrisolto con il passato della famiglia di origine, perpetuando un'altalena emotiva e lasciando i figli in attesa. Altre hanno modalità assorbenti come spugne e si nutrono dell'amore del figlio, prendendo più di ciò che donano, oppure diventano madri tentacolari, intromettendosi in ogni aspetto della vita della prole. Altre ancora si sostituiscono in toto ai figli, andando a salvarli come un elicottero appena c'è un inciampo, impendendo così che imparino ad arrangiarsi. I genitori elicottero diventerebbero vento e sposterebbero le nuvole con le mani, pur di far felici i figli.

Io, da vera madre elicottero, ho imparato per esperienza, a mie spese, che la modalità più proficua – se ci riusciamo – è quella di essere una madre semaforo, perché aiuta prima di tutto a stabilire quando siamo disponibili, quando occorre stare in attesa o quando arrestarsi del tutto. E possiamo usarla non solo verso i figli, ma in ogni campo della vita. D'altro canto, va rispettato anche il semaforo dell'altro, a maggior ragione con i figli, pazientando fino a quando arriva il verde – con l'invito a entrare nella loro vita – e fermandoci rigorosamente col rosso. La modalità semaforo va allenata con costanza, altrimenti si rischia di lasciar passare col rosso, o di farlo noi stessi.

Lo psicanalista Massimo Recalcati, nel libro *Le mani della madre*, ha riassunto così il principio materno: «Le mani della madre sono quelle che non si sottraggono». Questo ci fa ricordare ancora una volta che si è madri se si dà la vita, ma il principio materno va vissuto ogni giorno essendo accudenti e presenti alla necessità, porgendoci come grembo che nutre.

Per noi stessi e per l'altro.

Ricordo bene un episodio, quando ero in tour a presentare il mio primo libro. Mi trovavo in un paese del Sud, era una giornata torrida. L'evento si svolgeva in una chiesa sconsacrata che era gremita, ci saranno state duecento persone. Il mio disagio per il caldo era evidente, e ho iniziato a sventolarmi con un foglio. Una signora si è alzata, mi si è avvicinata e mi ha dato il suo ventaglio.

Inutile dire che, oltre a commuovermi, quel gesto per me è stato prezioso e mi ha aiutata ad attenuare la fatica di quella situazione, piacevole ma impegnativa.

La signora poi se n'è andata e non sono riuscita a restituirle il ventaglio, che ancora conservo.

Empatia non è solo comprendere cosa sente un'altra persona, ma anche ciò di cui ha bisogno. Purtroppo non siamo educati a farlo con noi stessi, perciò diventa difficile farlo con l'altro. Questa abilità del *maternage* può essere allenata con l'ascolto intanto di sé, per saper riconoscere i nostri stati emotivi e soddisfare i nostri bisogni. Allora sapremo vederli anche fuori di noi.

La signora in quel momento ha incarnato il principio materno, forse senza nemmeno saperlo. Ha prestato accudimento a qualcuno che ha visto in difficoltà. Teniamolo in mente: basta un gesto per sentirsi ed essere madri. Anche solo per un minuto.

Vorrei ribadire però che, nonostante quanto sostenuto da Recalcati sia molto vero, le mani possono anche sottrarsi per scelta: possiamo smettere di aiutare sempre e comunque, rimanendo madri anche senza la mano tesa h24.

Attenzione: non stiamo applicando etichette sterili e condannanti o stabilendo una modalità migliore di un'altra. Sempre per via di quello che ho appreso come figlia e come madre, e ascoltando tante vite di madri e di figli, ci sono semplicemente modalità che creano meno inghippi.

Va ricordato che tutte le mamme indossano, prima o poi, ognuno di questi abiti. Diciamo che alcune hanno una modalità prevalente.

Possiamo concludere la nostra riflessione sul principio materno aggiungendo che il concetto di madre ci riporta a tutto quanto ha a che fare col mondo interiore. Il movimento materno è dall'esterno verso l'interno: una madre nutre, e da lei riceviamo la vita, il mondo.

Inoltre, le figlie che hanno fatto pace con la propria radice madre non solo si sentiranno a loro agio col ricevere il mondo dentro di sé, ma guarderanno anche alle altre donne con serenità, complicità e accoglienza. Disposte a farlo soprattutto con se stesse.

Di troppo padre

Vista la generale «moria» di padri, sembra un paradosso. Come può un padre essere troppo, quando ovunque ci sono invece continue lamentele riguardo al troppo poco padre? Come si riconosce un troppo paterno?

Il principio paterno, in genere, ha quella funzione di incoraggiare ad andare: vai e osa, credici. Il movimento è, quindi, dall'interno verso l'esterno, contrario e speculare a quello materno. Se lo spazio uterino del materno governa il mondo emotivo interiore del sentire, quello paterno ci connette con la dimensione pratica e fattiva.

Il principio paterno protegge finché necessario, dopodiché

toglie le rotelle alla bicicletta e ti insegna a stare su due ruote. Autorizzandoti anche a cadere.

Mi è successo di chiedere ad alcuni miei pazienti uomini: «Cosa le resta di suo padre?» «Mi ha insegnato ad andare in bici», è stata spesso la risposta. Da allora la uso come metafora per esemplificare in sintesi che cosa fa un padre. Un padre che incarna il principio paterno è colonna e sostegno fino a quando è necessario. Sta alle spalle, con lo sguardo rivolto avanti verso i figli che, forti di questa sponda, guardano la vita.

Un padre in eccesso, invece di incoraggiare, può darsi che tarpi, schiacci, proibisca, imponga troppi limiti e finisca per recintare il figlio in una doverizzazione austera, senza ossigeno. Come ho spiegato in *Di troppo amore*, il principio educativo che aiuta nella crescita, al di là del genere dei genitori, è la polarizzazione degli opposti. Due genitori zuccherini o, al contrario, stritolanti e soffocanti, non creeranno quell'humus fertile affinché i figli esplorino la vita sostenuti da una combinazione equilibrata di contenimento e libertà.

Altre volte, invece di essere troppo, il padre proprio non c'è, si defila, diventa nebbia.

Che sia un padre volano, che ti propone alla vita con fierezza e fiducia, o un padre gabbia, secondino e castrante, o un padre fantasma, fuggitivo, oppure narciso, o ancora un padre bambino Peter Pan, che tratta i figli come fratelli o come i genitori che non ha avuto, vale qui molto di quanto abbiamo detto per le madri. Tanti padri faticano a occupare il proprio posto e a fare ciò che gli è capitato di diventare: un padre, appunto. Per questo, talvolta restano in panchina, periferici, giocando a nascondino con la responsabilità, restando a guardare ciò che accade con lo sguardo perso altrove. Tribolano a indossare le vesti paterne, poiché non si sono ancora spogliati dei panni di perenni figli irrisolti.

Quando invece è una madre a essere rivolta verso l'altrove, allora può essere che il padre indossi i panni dell'accudimento materno, sostituendosi a lei in tutto.

Ci sono padri in difficoltà, proprio come tante madri, e anche loro passano ai figli ciò che hanno a disposizione. Che abbiano respirato vendetta o accoglienza, violenza o benevolenza, sarà facile che lo traducano nel loro essere a loro volta padri. Perché si dà ciò che si possiede, e va da sé che quello che non si è ricevuto o imparato non lo si potrà dare.

Tempo fa, ho chiesto alle persone che mi seguono sui social di definire il proprio padre con un aggettivo. Mi aspettavo termini vari, in prevalenza negativi. In realtà non è stato così: l'aggettivo più ribadito è stato «assente». E con quell'assenza molti miei pazienti, donne e uomini, fanno i conti quando si ritrovano in una relazione adulta.

Troppo poca presenza, infatti, farà sì che la persona sviluppi meccanismi compensatori, andando a mendicare affetto e instaurando quella forma di troppo amore tanto dolorosa e disfunzionale.

Ma non vale solo per i padri. A volte a crescerci non c'è nessuno, anche se la casa è piena di gente. La famiglia, oltre che troppa e abbondante di persone, consigli, affetto e contenimento, può essere il contrario: il luogo dell'assenza, fisica o emotiva, di chi la costituisce.

Questa è una brutta notizia, ma ce n'è anche una bella: pure ammaccati, spettinati, sgualciti, cresceremo ugualmente, assorbendo, guardando, arrangiandoci, trovando altri modelli appena più in là, oltre le mura di casa.

Niky: cuore a papà

Niky è una bellissima ragazza di trentacinque anni, con tratti orientali, occhi neri, capelli corvini e un sorriso accattivante. Quando mi chiede un appuntamento mi dice di essere impigliata in una situazione da cui non sa uscire. Ama il suo ragazzo Mario, ma si è perdutamente innamorata di Elia, conosciuto in palestra. Da due anni porta avanti una doppia vita, inventando viaggi di lavoro e trasferte. Elia la ricambia e aspetta che si decida a lasciare Mario.

Lei tergiversa e dice che si sente morire al pensiero di dover scegliere tra il fidanzato, con cui convive da cinque anni, e la presenza calda e affettuosa di Elia. Vive angosciata, ma resta immobile e divisa.

Le propongo di usare gli oggetti metaforici e di scegliere dei personaggi che rappresentino la sua famiglia e se stessa. Mi colpisce che prenda due statuine per lei e il padre e le disponga incollate. Poi le chiedo di mettere i due uomini. Colloca anche quelli incollati a lei, così che la sua figura risulta come un sandwich coperto su tre lati.

Partendo da lì, le chiedo di descrivermi il rapporto con il padre. Dice che le è mancato tutta la vita, i suoi si sono separati e riaccompagnati più volte. Niky ha una schiera di fratellastri e sorellastre da far perdere il conto.

Scopro che il padre è l'eterno Peter Pan, la tratta come se lei fosse la fidanzatina, quando si vedono le chiede di massaggiarlo, si confida con lei sulle nuove conquiste. E pure la madre le racconta ogni sua storia. Niky è cresciuta con la mamma e i suoi conviventi, e i figli che si aggiungevano a mano a mano, fino a quando è andata a convivere con Mario.

Col padre, e i figli avuti dalle varie relazioni, stava invece in estate o per le feste.

Dopo vari colloqui, Niky quasi per caso mi dice che il padre, quando vanno in vacanza insieme, vuole dormire nel letto matrimoniale con lei e si offende se lei si rifiuta. Dormono tutta la notte «a cucchiaio», abbracciati. Le chiedo se il padre abbia mai fatto gesti che non siano da padre e risponde di no. Semplicemente, lei è la sua bambolina.

Ci sono evidenti segni di un «incesto» casto, psicologico, che aggroviglia Niky e il padre.

Lui la chiama Nikina e, quando si vedono, pretende il bacino della buonanotte. Lei, dal canto suo, si è confidata sulla sua doppia storia col padre, che le chiede spesso notizie e le dà consigli.

Le domando se sia a suo agio in questo tipo di rapporto, e lei dice che lo fa per lui, non vuole offenderlo, e che in effetti non ci trova nulla di strano.

Quello di Niky è un invischiamento con la figura paterna da cui non riesce a staccarsi, pur non essendovi mai stata attaccata da piccola. È una tipologia che definisco «cuore a papà». Quando era piccola, Niky avrebbe dato qualsiasi cosa pur di stare col padre. Ora che è adulta, è come se volesse prendersi ciò che non ha avuto.

Questa relazione disfunzionale fa sì che Niky non abbia un'autonomia emotiva. Ha dovuto adattarsi a una famiglia allargata, dove lei veniva inclusa in altre famiglie ancora. Ha così sviluppato uno stile dipendente, è incapace di rimanere sola e ha bisogno di stare in più situazioni per non sentire mai veramente quel vuoto affettivo causato dall'instabilità della sua situazione familiare.

Quello che Niky vive nel proprio universo affettivo è molto frequente. Un padre inseguito tutta la vita, che si pone in un modo che sembra invertire i ruoli, scatena nella figlia adulta meccanismi regressivi in cui resta impigliata. Niky non ha ancora modelli di autonomia funzionanti, né una muscolatura emotiva per potersi liberare dai fardelli che porta con sé. Al momento è consapevole, ma non avendo avuto sponde salde si aggrappa a due figure sostitutive. Ben sapendo che il suo cuore non può essere di nessun altro se non di papà.

I padri così sfilacciati e impropri, in difficoltà, sfumati, certe volte riescono comunque a essere volano per le figlie, nonostante le ferite.

È il caso di Steen.

Steen: un cuore di pietra

Di padre svedese e madre italiana, Steen è un uomo di oltre cinquant'anni quando mi contatta per un percorso a distanza. Vive in Norvegia e ha avuto una brillante carriera, ma all'improvviso la multinazionale per cui lavorava lo ha prima demansionato e poi licenziato. Si presenta in giacca e cravatta, è simpatico e affascinante; potrei usare l'espressione di Umberta Telfener, «dove lo tocchi suona», per indicarne la personalità complessa, interessante, piena di argomenti. Insomma, un uomo all'apparenza solido ma, ahimè, infelice. Dice di essere impantanato per il lavoro, però ben presto apriamo il vaso di Pandora.

La sua situazione affettiva e familiare è intricata. Da un primo matrimonio ha una figlia, Rosa, ricercatrice in Italia, e poi una ragazza di diciassette anni, Victoria, nata da un secondo matrimonio in Norvegia. La madre di Victoria, da cui si è separato da anni, ha una malattia grave e lui vuole stare vicino alla figlia, con la quale parla in inglese, non avendo piena padronanza del norvegese. Mi dice di sentire il legame con quella figlia poco saldo, che con Rosa era tutto più facile, mentre Victoria è chiusa nei suoi confronti, e lui percepisce la distanza culturale tra loro. A lui, nato e cresciuto in Italia, la seconda figlia appare inincontrabile ed ermetica. Ciò nonostante, fa di tutto per starle accanto.

Steen ha collezionato una galleria di relazioni con donne bellissime, tutte andate a finire in maniera disastrosa. L'ultima relazione è stata con Sue, un'ex attrice americana, separata con quattro figli. Lei reclamava la sua presenza, tacciandolo di narcisismo e pretendendo un impegno che lui, dilaniato dalla propria situazione familiare, non poteva darle.

I giochi di ruolo tra Sue e Steen erano sempre stati chiari. Lui, uomo di potere, disponeva di denaro e aveva un piglio fermo con lei, le faceva regali costosi e pagava vacanze da sogno. All'inizio della relazione, Sue lo aveva idealizzato a tal punto da non vedere più l'uomo reale, posto che l'avesse mai visto. Anche lei, dal canto suo, aveva tutto un suo irrisolto, pare, col padre. E la paternità attiva e devota di Steen verso le proprie figlie la metteva in contatto con il proprio padre interiorizzato, facendo emergere in lei rabbie antiche e sopite. Come sostiene il filosofo Umberto Galimberti, l'idealizzazione amorosa impiglia chi la attua, perché resta agganciato a un'immagine fantasticata del partner e non lo vede per quello che è.

Sue aveva iniziato a pretendere sempre di più, attuando procedure richiestive e insistenti, al suon del mantra: «Diventa come vorrei che tu fossi». E poiché percepiva Steen sempre più assente, diventava via via più aggressiva, fino ad arrivare ad alzare le mani su di lui. Lo graffiava in volto, urlando che era un fallito, e questo riportava Steen alla sua, di infanzia, quando il padre lo derideva perché scriveva poesie romantiche.

Proprio quando lui avrebbe avuto più bisogno di comprensione e vicinanza, lei lo aveva lasciato.

Nel momento in cui Sue aveva visto la propria fragilità

riflessa in Steen, non aveva retto lo specchiamento e lui aveva perso qualsiasi fascino ai suoi occhi. Sicché, oltre al lavoro e alla madre della seconda figlia in condizioni disperate, anche la sua vita sentimentale era andata a rotoli. In passato Sue aveva dato segni di forte dipendenza affettiva da Steen. Come sostengo spesso, per chi è impigliato in una relazione dai tratti narcisisticodipendenti, stabilire chi dei due è il narcisista o il dipendente diventa difficile, e francamente inutile. I due sono arrotolati come serpenti in amore, si fa per dire, perché queste storie non hanno tanto a che fare con l'amore, quanto piuttosto col potere.

Ci sono pazienti che arrivano talmente aggrovigliati che davvero non si sa da dove iniziare il lavoro psicologico.

Steen si affida a me.

Talvolta mi chiede: «Dottoressa, Sue mi accusa di narcisismo, secondo lei è vero?»

A questo tipo di domanda, per formazione, non rispondo. Per scelta, non sottopongo i pazienti a nessuna testistica; il rischio è che, talvolta, la diagnosi possa diventare un'etichetta imbrigliante e impedire così l'evoluzione personale. Come sostiene il mio maestro zen, ogni terapeuta ha il suo modo di cucinare il riso, a seconda della scuola teorica da cui proviene.

Rispondo a Steen che abbiamo tutti tratti misti, in percentuali diverse.

Durante il nostro percorso, la madre della seconda figlia muore e lui va ad abitare con Victoria.

Steen precipita sempre più in una doppia preoccupazione: vuole stare vicino a entrambe le figlie e viaggia avanti e indietro tra Norvegia e Italia per andare a trovare Rosa. Il suo impegno nel mantenere unite le ragazze e la sua dedizione di padre mi colpiscono.

Nella sua famiglia di origine c'erano diverse ombre: oltre

a un padre denigrante, aveva avuto una madre anaffettiva, e questo aveva fatto sì che Steen non si fidasse di nessuno. Non era in contatto con le sue emozioni e le reprimeva, mentre nel mondo pratico era un *problem solver*.

Se proprio dovessimo, potremmo definirlo ad alta grammatura evitante, granitico, concreto, corazzato e incapace di contattare la propria vulnerabilità: tuttavia, sembrava che la vita si accanisse per farlo capitolare proprio nella casella della relazione, quindi delle emozioni.

Steen supera diverse prove e, nonostante le avversità, riesce a rimanere un punto fermo per le figlie.

Ho voluto ricordare qui la sua storia in quanto padre presente, devoto, responsabile e accudente, malgrado la storia familiare e le strutture difensive che lo facevano apparire con un cuore di pietra.

«Dottoressa, sono tanto felice quando vedo le mie figlie insieme e quando posso passare del tempo con loro», mi dice nel nostro ultimo colloquio.

Ora Steen ha trovato un nuovo lavoro che ama, e quando ci siamo sentiti per un saluto mi ha detto: «Lo sa, dottoressa, che sono mesi, forse anni, che nessuna donna mi dà più del narcisista?»

Di troppi nonni

Chi legge potrebbe trasalire. Ma come? I nonni non possono essere mai troppi.

Avere i nonni a portata di cuore e alla giusta distanza è un grande privilegio; disimpegnati dalle strette responsabilità genitoriali, i nonni possono amare i nipoti senza costi. E questa è una grande libertà. I nonni sanno come procederà il film, ed essendo passata tanta altra vita nei loro occhi, riescono a non prendere le mareggiate troppo di punta. Hanno imparato che è meglio fluire che opporsi. Sono consapevoli che si sopravvive, essendo arrivati fino a qui, possono sorridere da un luogo saggio e accogliere.

Quando facciamo il genogramma con i miei pazienti, mi dispiace sempre sentire a proposito dei nonni: «Ah, ma io non li ho mica conosciuti». Oppure: «So solo della mia nonna materna, degli altri non so nulla». Come se non ci fossero stati, e i loro genitori, prima ancora, tanto meno. Allora ricordo loro che in ogni nostra cellula sono presenti metà di genitori, quarti di nonni, ottavi di bisnonni e così via.

La vita arriva da lì e, spesso, siamo portatori ignari di quel passato.

Quindi, il capitolo nonni è tutto rose e fiori? No.

Anche se non li abbiamo conosciuti, ci sono stati e le loro tracce permangono. Chi li ha avuti in vita, o ha avuto modo di osservarli nelle famiglie altrui, avrà potuto vedere che esistono vari tipi di nonni.

Facciamo qualche esempio. Quelli burro e zucchero: accoglienti, servizievoli, con la torta sempre pronta e un piatto caldo che ci conforta. Sì, esistono. Nonni vigili del fuoco: salvatori costanti, capaci di sfamare e aiutare intere generazioni. Quelli che dirigono il traffico o quelli San Bernardo, in grado di scovare la famiglia sotto la valanga. Nonni eroici ed epici, raccontati come vere figure mitologiche e, al contrario, nonni scapestrati o, ancora, nonni generali dell'esercito: i nonni non sono solo le figure romanticizzate che vediamo nella pubblicità o nei cartoni, ma anche loro possono raffigurare la tavolozza dell'umanità intera.

Quando i nonni raddoppiano le attività di sentinelle del sistema, rischiano di costruire una cintura di protezione talmente stretta da divenire imponente e asfittica. Il loro abbraccio diventa un abbraccio quadrato, rigido, che si trasforma in un ring dove si combatte per il potere. In quel caso, le funzioni di autorità possono risultare eccessive e i nonni finiscono per assumere il ruolo di controllori reazionari, o oppositori delle innovazioni a cui, come abbiamo visto, ogni sistema va incontro.

Yuri: fai il bravo

Yuri viene da me su invio di una dermatologa, che dietro a una persistente orticaria sospetta un aspetto psicosomatico. Gli suggerisce di affiancare alle cure tradizionali un percorso psicologico.

Yuri lavora come contabile in una ditta e mi spiega di non riuscire a dormire da mesi per un prurito che lo porta a «strapparsi la pelle». Chiedo se ha problemi con qualche superiore, lui mi dice che l'orticaria è peggiorata da quando l'hanno messo in ufficio col collega Osvaldo, che lo controlla, gli dice cosa fare o non fare, e lui non lo sopporta.

Dopo aver raccolto la narrazione iniziale di Yuri, affondo nella sua famiglia. Mi racconta di una madre molto dolce e un padre gran lavoratore. Mi colpisce il suo tono adorante quando parla della madre e quello di profondo rispetto per il padre.

A un primo sguardo, la sua è la famiglia che tutti vorremmo: genitori bonari, una vita serena, senza scosse. Perciò Osvaldo non riconduce il problema a nessuno dei due genitori. Eppure, questa fioritura sulla pelle che non va via fa pensare a un fastidio verso il quale Yuri si sente impotente e che, secondo quanto posso ipotizzare, ha radici lontane.

Proviamo a fare un salto all'indietro, nella sua infanzia dorata. Che scopro non essere stata così dorata. Yuri è cresciuto in campagna, circondato da zii e cugini, poi, col benessere sopraggiunto nel tempo, il padre si è costruito una casa a più piani e ha portato con sé Dina, la madre vedova, alla quale ha assegnato un piccolo appartamento al pianoterra. Quando parla della nonna paterna, Yuri dipinge uno scenario desolante. Donna arcigna, vessava Antonina, la nuora casalinga, praticando *gaslighting*: le chiedeva di fare la spesa e poi l'accusava di aver rubato dei soldi, spostava oggetti e addossava a lei la colpa. Dirigeva il traffico della casa, registrando tutti gli spostamenti, impediva al nipote di giocare in cortile e gli bucava i copertoni della bicicletta affinché non si allontanasse. Il padre di Yuri, Rolando, aveva un senso di riverenza verso la madre e si limitava a dire di portare rispetto per gli anziani. Yuri provava molta rabbia verso quella nonna despota che trattava male la sua adorata madre. Quando infine era morta, era stata una liberazione per tutti. Ma Yuri aveva ormai assorbito il senso di ingiustizia e di impotenza che aveva visto nella madre. E il conto emotivo irrisolto forse si era ripresentato in ufficio, dove Osvaldo gli ricordava tutte le angherie della nonna.

Yuri non aveva collegato quelle due figure autoritarie, aveva messo il vissuto infantile in una parte remota di sé, fino a quando non aveva incontrato una dinamica simile, che lo aveva costretto a elaborare quel contenuto emotivo che si era manifestato sotto forma di prurito insidioso.

Ci vuole tempo per incontrare tutte queste comprensioni dentro di sé, e se siamo cresciuti in un ambiente dove a decidere è sempre stato qualcun altro, diventa molto difficile riuscire a far valere le proprie ragioni nel mondo. Yuri ha lo schema del bravo ragazzo che non crea problemi, del compiacente che non affronta il conflitto. Ma questo, a lungo andare, si è trasformato in una zavorra intollerabile sotto cui Yuri implode.

Dobbiamo lavorare tanto sulla paura di disattendere le

aspettative altrui, sul timore della disapprovazione. Se Yuri non è più quella persona buona e remissiva, chi è?

È molto interessante scoprirlo.

Possiamo farlo quando recuperiamo la storia di Dina, la nonna a tratti crudele. Era una «trovatella», di lei si sapeva solo che era stata messa in un orfanotrofio ed era poi stata adottata da una donna facoltosa che viveva sul lago di Garda. La madre adottiva aveva già altri figli, che avevano sempre trattato Dina come uno scarto, infliggendole umiliazioni e soprusi. In seguito Dina era andata a lavorare altrove, si era sposata e aveva messo su famiglia. Ma quelle sofferenze l'avevano resa uguale ai suoi aguzzini: aveva sviluppato una personalità ambigua, seduttiva e manipolatoria.

Non ripercorriamo la storia di Dina per assolverla dalle molestie che ha inflitto per anni ai familiari. Questa è una grande paura di chi inizia a lavorare sul proprio genogramma. Non si riscostruisce per assolvere, bensì per assegnare a ognuno le proprie responsabilità, e per lasciargliele.

Il rischio altrimenti è, come nel caso di Yuri, di restare agganciati allo schema che si tramuta in zavorra, una condanna comportamentale ed emotiva. La storia di Dina è sua, e tale deve rimanere; a Yuri il compito evolutivo di svincolarsi dallo script che inconsciamente ripete.

È necessario aprire il baule dei ricordi e separare ciò che è nostro da ciò che è altrui, per poter vivere in maniera più leggera e responsabile.

Conoscere e ricostruire la propria storia familiare è fondamentale per scoprire l'origine delle nostre eredità emotive e individuare la presenza di traumi transgenerazionali. Ogni sistema familiare si porta dietro ferite che superano il tempo. Un trauma, o meglio la reazione a esso, si trasforma poi in una modalità comportamentale, che diventa un vero e proprio copione che eseguiamo senza nemmeno rendercene conto.

Elisabetta: nella ragnatela dei nonni

Elisabetta ama la sua famiglia, che descrive come piena di doni. Dicevamo all'inizio del nostro discorrere che le famiglie sono anche scrigni di risorse preziose, non solo scantinati abitati da ombre e fantasmi. Elisabetta è una ragazza serena, frequenta l'ultimo anno del liceo e non è sicura di volersi iscrivere all'università. Fa alcune consulenze con me, per orientarsi nel proprio percorso.

Le chiedo chi siano le sue figure di riferimento e mi racconta della famiglia, soffermandosi sui nonni. Lei e i genitori abitano in un posto sperduto, mentre i nonni paterni vivono in città, così, finite le scuole medie, Elisabetta si è trasferita dai nonni per frequentare le superiori, tornando al paese nei weekend.

I nonni che mi descrive sembrerebbero della tipologia burro e zucchero. La nonna, semplice e amorevole, cucina per lei; il nonno ogni giorno la porta a scuola e va a riprenderla. Quando va in discoteca, non avendo ancora la patente, il nonno mette la sveglia e va a recuperarla anche a notte fonda. I nonni diventano per lei due colonne portanti, che vanno a rafforzare quella dei genitori.

Il troppo sostegno, il troppo zucchero, rischia però di far implodere alcune famiglie.

Indagando appena più in profondità, scopriamo che Elisabetta fatica a crescere e si sente in colpa a scegliere un'università distante dalla città dove vivono i nonni. «Proprio ora che cominciano a essere anziani», dice, «con tutto quello che hanno fatto per me, non me la sento di abbandonarli.» Inoltre,

Elisabetta non ha mai avuto un ragazzo, fa una vita ritirata, quasi da «pensionata». Durante la pandemia è terrorizzata di uscire e poter portare il virus ai nonni. «Non me lo perdonerei mai», confessa quasi in lacrime.

Sembra che la sua domanda esistenziale sia: cosa vuoi fare *per* i grandi? Invece che *da* grande. Quindi rinuncia alla sua vita pur di salvare quei nonni tanto generosi. Aggiunge che di notte ha incubi in cui sogna che muoiono e prova tanta angoscia.

Ragioniamo sul fatto che il «debito» che sente di avere è comprensibile, ma lo ha già ripagato in abbondanza col suo affetto, riconoscendo ai nonni tutti i doni che le hanno fatto. E sottolineo anche che non può accollarsi lei, diciannovenne, il loro destino.

Talvolta per amore cieco chi viene dopo non riesce ad allontanarsi, come abbiamo visto in altre storie. Il lavoro che dovrà fare Elisabetta è quello di prendersi il proprio posto di nipote e lasciare l'eventuale gestione dei nonni al loro figlio, suo padre.

Figli e nipoti che ricoprono un ruolo non loro, e sembrano avere più anni dei genitori e dei nonni, hanno vita dura e potrebbero non trovare la forza di andarsene e crearsi un futuro indipendente.

Come Elisabetta, rimasta impigliata in una ragnatela di zucchero e miele.

#Pensiamoci

Ti invito a riconoscere le tipologie dei tuoi genitori e dei tuoi nonni, tenendo a mente che le forme ibride sono le più diffuse.

Ti suggerisco di lasciare da parte il giudizio, se puoi, e di riconoscere le modalità e gli strumenti che i genitori e i nonni avevano o non avevano.

Se questo ti rattrista, prendine atto. Il dolore non va soffocato. Va elaborato, trasformato.

Se senti di aver avuto in famiglia più mancanze che attenzioni e risorse, chiediti: cosa posso fare con questa emozione? Con questa consapevolezza?

Lo stesso vale se, al contrario, nella tua storia hai trovato pepite d'oro e tesori nascosti.

8
Una bella famiglia

«CHE bella famiglia!»

È un'esclamazione che sentiamo spesso e subito, forse, ci viene da abbassare la testa: il «paragonometro» è sempre attivo dentro di noi. Ora più che mai, con il già citato trend sui social di mostrare una vita perfetta, bambini bellissimi, corpi smaglianti. Tutto al momento giusto. E chi non rientra in questa tavolozza di colori?

Guardate da fuori, le famiglie possono essere come quei resort di cui ci riferiscono gli amici che vanno alle Maldive: con una facciata scintillante, da mille e una notte, e nella parte posteriore, quella non visibile, straripanti di sacchi del pattume non ritirato.

Uso apposta questa metafora, per ricordare a tutti che ciò che è non appare quasi mai, e ciò che appare quasi mai è.

Lo ribadiremo ancora: la famiglia, quando funziona, fluisce entro i propri limiti ed è in grado di funzionare, è una delle risorse più preziose per l'individuo.

Ma ricordiamo pure che ogni nucleo familiare ha il suo background, i suoi peccati mortali e il baule dei conflitti irrisolti.

Parenti serpenti

Che tra fratelli e sorelle non scorra sempre buon sangue è assodato. Lo vediamo nei testi sacri, nelle tragedie, nei miti, nelle fiabe. Nel nostro immaginario collettivo il tema delle sorellastre invidiose viene rappresentato molto bene nella fiaba popolare *Cenerentola*, ripresa poi da Walt Disney.

Il legame fraterno è complesso, vi convivono collaborazione e competizione e, quando prevalgono sostegno e amore, avere un fratello o una sorella è un'àncora di salvezza preziosa e impagabile. I legami fraterni di solidarietà, aiuto emotivo ed economico sono una risorsa importantissima nella vita delle persone. Oltre al patrimonio genetico, con la fratria si condividono la progenie, le esperienze, i vissuti, gli episodi indelebili dell'infanzia.

Tuttavia, è erroneo pensare che a dati genitori corrispondono figli simili, o che fratelli consanguinei abbiano stessi identici genitori.

Mi spiego.

I bambini nascono, tutti, con un insieme di elementi innati definiti dalla psicologia dello sviluppo «temperamento». Questo va poi a interagire con la personalità dei genitori, dando così origine a un rapporto esclusivo di ciascun genitore con ogni figlio. Pertanto, le combinazioni chimiche ed emotive, e lo scorrere della vita e delle situazioni, fanno sì che le risultanti emotive e affettive si tingano di diversità intrafamiliari. Il rapporto con i genitori può essere molto diverso, a seconda del momento di nascita di un figlio o di un altro, di quello che è accaduto nel frattempo, di un'infinità di variabili che possono accadere nel corso di una vita. E questo determinerà alleanze, rivalità o entrambe le cose. Solo chi ha fratelli sa quanto ambivalente sia il sentimento fraterno: un misto in cui aiuto e invidia coesistono, e talvolta può prevalere l'uno o l'altra.

«La mamma (o il papà) è mia! È solo mia.» Questo è il sogno di tutti i bambini che vedono togliersi il primato. Ogni fratello sa che può avere la propria parte di genitore e, se le cose vanno per il verso giusto, ogni figlio ha un genitore «tutto suo», con cui instaura un rapporto esclusivo. Dal canto suo, il genitore sa che con ogni figlio ha un rapporto esclusivo. Quando invece il figlio percepisce o teme di essere stato escluso, o di non essere il preferito, si creano nella psiche fantasie di vendetta che possono poi sfociare in una lotta intestina con accoltellamenti emotivi ben noti a chi ha conflitti in famiglia.

Parenti serpenti non è soltanto il titolo di un film di Mario Monicelli. È una sensazione con cui qualcuno deve fare i conti.

Ettore: la sindrome di Caino

Quando Ettore, imprenditore sessantenne, viene in studio da me è livido di rabbia. Ha un'eleganza innata, bei modi, ma dentro è fatto di dinamite pronta a esplodere. Il suo universo emotivo è abitato dal fantasma del fratello Alfonso, maggiore di due anni, che invidia con tutto se stesso. Ha una dipendenza affettiva da lui, modula il proprio umore sul fratello, ed è sempre un umore scuro, pretenzioso, rancoroso.

Ma, si chiederà qualcuno, la dipendenza affettiva non accade agli amanti quando uno dei due vuole la relazione a tutti i costi e l'altro meno?

Se intendiamo la dipendenza affettiva come un nodo irrisolto che condiziona i nostri sentimenti e se non riusciamo a liberarci dal tormento che un rapporto ci suscita, allora lo spettro si amplia e troveremo questi avvitamenti tra parenti, ma anche tra amici o con datori di lavoro.

Ettore è invischiato emotivamente con il fratello.

Non gli perdona di aver avuto più successo professionale di lui ed è ostile per l'affetto che i genitori hanno dimostrato nei suoi confronti: a suo dire, era il loro preferito. È così indignato che sta facendo ad Alfonso una guerra legale per l'eredità; si è incaponito sulla casa natale, arrogandosi il diritto di averla tutta per sé.

Ettore fa lunghi soliloqui e parla male del fratello tutto il tempo. Gli chiedo allora di raccontarmi la loro infanzia. Lui non è stato allattato perché la madre era andata a balia in città – un'usanza tipica nelle realtà rurali del dopoguerra – «ad allattare i figli dei ricchi», come diceva lui. Il baliatico creava una sorta di tranquillità economica per chi aveva poche possibilità, ma lasciava anche tracce abbandoniche profonde negli infanti che restavano a casa, nutriti con pane masticato dagli adulti e dato come alimento al posto del latte. Ettore, cresciuto col padre che lavorava in campagna, raccontava di un'infanzia triste e ce l'aveva col fratello perché lui, invece, era stato allattato. La madre si era poi fermata in città a fare la portinaia, e per qualche anno era tornata a casa soltanto di rado. Ettore ricorda i pomeriggi ad aspettarla alla finestra, piangendo. Vedeva Alfonso più forte, collaborativo, che aiutava il padre nei campi e nella stalla. Per lui, invece, era tutto difficile: non riusciva bene a scuola e in famiglia non avevano occhi che per il fratello, che a differenza sua era mite e senza pretese.

Ettore è cresciuto con la rabbia nel cuore.

Di frequente, con i pazienti che mi portano come tema la rabbia, scopriamo ben presto che essa cela un dolore profondo, non facile da scovare da soli. E per esperienza so che la rabbia è una colla, che avvinghia la persona rabbiosa all'altro verso cui nutre quel sentimento.

Chiedo a Ettore di scrivere una lettera di rancore al fratello e di non spedirla, ma di leggerla poi insieme in studio. Arriva alla seduta con la solita spocchia, che è la sua armatura contro la fragilità, e mi recita una litania livorosa e recriminante. Ricorda una volta in cui era stato sbeffeggiato per un brutto voto a scuola: il fratello non lo aveva difeso e aveva riso di lui.

Questo basta per creare una fessura nella sua corazza; Ettore inizia a piangere e ammette di voler estorcere l'eredità al fratello solo per vendetta. Tutto l'astio pare sciogliersi: dietro la sua *hybris* nascondeva vergogna e fragilità. Non sentendosi all'altezza della saggezza del fratello, ha sviluppato un carattere acre e pungente, come un Narcibimbo* impettito e petulante.

Lentamente, Ettore si permette di abbandonare la propria corazza e quella lettera di rancore si trasforma in una dichiarazione di obiettività: Alfonso in realtà non gli ha fatto nulla di male, lo ha aiutato a trovare lavoro, lascia correre tutte le sue provocazioni. L'unica cosa a cui non è disposto a rinunciare era la sua parte di eredità, per principio, secondo Ettore.

Molto spesso tra fratelli la competizione per accaparrarsi l'amore di un genitore si fa così aspra che mi viene da definirla con questa espressione forte: voler ingoiare il genitore. Ettore voleva inglobare i suoi, in particolare la madre, come risarcimento per non averla avuta a fianco durante la prima infanzia, così reclamava la propria fetta di mamma non avuta attraverso

* Per tutte le tipologie di narcisisti si rimanda al mio libro *Di troppo amore*, cit., in cui ho fatto, in maniera scherzosa e giocosa, una lunga trattazione sulle varie tipologie, classificandole a seconda della grammatura di narcisismo.

la pretesa dell'eredità. E, per gelosia, aveva fatto diventare il fratello un'ombra gigante dentro di sé.

Una volta che ha avuto modo di esprimere la rabbia in un contesto protetto come il nostro percorso, è riuscito a guardare in faccia il suo dolore e a capire da dove nasceva. Le sue emozioni sono cambiate e il suo paesaggio interiore piano piano si è schiarito.

Dopo vari colloqui, Ettore mi racconta di aver incontrato il fratello e di essersi accordato per vendere la casa e dividere in parti uguali il ricavato. Sono andati a bere un caffè e si sono fermati a ricordare episodi sereni della loro infanzia.

Perché accade proprio così: quando sprofondiamo nella melma oscura delle recriminazioni, finiamo per non vedere nemmeno il bello che in ogni infanzia c'è stato. Fosse altro che un sorriso di qualcuno che ci ha voluto bene.

Le eredità pretese

Talvolta collaboro con alcuni studi legali per seguire gli aspetti psicologici delle separazioni. All'inizio del nostro percorso, Ettore non era per nulla separato dal fratello Alfonso, ne parlava come si esprime un coniuge in sede divorzile, arrogandosi diritti ed elencando una lunga lista di lamentele. E poi l'arringa finale: la casa, con rocambolesche motivazioni, spettava a lui.

Al di là dei cavilli legali, di cui non mi occupo, ho cercato di analizzare con Ettore le sue ombre psichiche. Si comportava come se volesse essere lui il figlio prediletto, quello di serie A, e allo stesso tempo volesse escludere il fratello maggiore, che cercava di difendere i propri diritti. Esigeva che Alfonso rinunciasse all'eredità in nome di antiche, presunte ingiustizie: non ci dormiva la notte.

Secondo un filone di studi sistemici l'eredità non è qualcosa di dovuto. Se ci pensiamo, il capitale accumulato spetta a chi l'ha racimolato. Se i genitori non dispongono diversamente, alla loro morte l'eredità viene prima di tutto suddivisa nelle quote stabilite per legge.

Nel diritto italiano, esclusa una parte del patrimonio ereditario che è comunque «riservata» per legge a determinati soggetti, ognuno può disporre liberamente per testamento in favore di chiunque e nella misura che ritiene.

Ecco che, sia nel caso di devoluzione per legge sia per testamento, possono insorgere malcontenti e contestazioni.

Se andiamo a guardare le emozioni che ci sono dietro queste azioni, non è mai avidità per i beni materiali: proprio come nel caso di Ettore, ciò che anima chi pretende risarcimenti economici non è il desiderio di soldi, bensì di riscatto affettivo. Ma accanirsi in battaglie legali per ciò che si presume spetti di diritto è una trappola pericolosa. Molto spesso lasciare andare libera, e la libertà dalla guerra non ha prezzo.

Di molti segreti

Continuando a navigare nel backstage delle percepite «belle famiglie» possiamo riscontrare che in ognuna albergano non solo ombre, come abbiamo visto in alcuni esempi precedenti, ma anche importanti e talvolta indicibili segreti.

Secondo la morale comune, per molte persone vige il principio del «bisogna dirsi tutto», occorre essere trasparenti. Per alcuni studiosi invece, come lo psichiatra Camillo Loriedo, il segreto è un costrutto complesso e delicato che avrebbe anche una funzione protettiva del sistema, o delle relazioni in genere.

Da un punto di vista psicologico, il segreto è un'arma a

doppio taglio. Se da un lato può diventare una pellicola impermeabilizzante per mantenere la salute di chi ne è all'oscuro, dall'altro spesso si trasforma in un'ombra cupa che aleggia nella psiche di chi lo subisce. Il segreto assume la forma di uno spettro minaccioso e invisibile, ma diventa palpabile. Anche chi non sa, in un angolo del proprio inconscio, avverte e in realtà «sa».

Secondo una recente statistica, tantissimi bambini non sono figli del padre che gli viene attribuito. Il bimbo cresce all'oscuro della propria storia; molte volte tutti coloro che gli gravitano attorno «sanno», tranne lui. Vale lo stesso per le adozioni: chi non sa come è nato resta un alieno a se stesso. Di fatto, se ci pensiamo, gli viene negata parte della sua identità.

Stiamo dicendo che la verità va detta a ogni costo?

Non ho una soluzione magica, ma ho esperienza, in prima persona e nel mio lavoro. La natura stessa del segreto implica un dilemma: mantenerlo o svelarlo?

La verità è una possibilità che rende leggeri, anche se sembra pesante. Moltissime persone riferiscono di aver provato sollievo nel sapere, per quanto brutale possa essere una realtà. Altre sostengono con dolore: avrei preferito non sapere.

Ricordiamoci che la verità è sempre nuda e onesta. Non è in sé né bella né brutta: è un fatto. E contiene un elemento di sollievo, se riusciamo a riconoscerlo.

Il segreto può riguardare la generazione attuale o le generazioni precedenti e riferirsi a svariate situazioni esistenziali. Si possono mantenere segreti un delitto, la carcerazione di un nonno o di un genitore da giovane, crack finanziari, conti in banca, eredità, un matrimonio, un figlio illegittimo, una morte, una nascita, una dipendenza, un orientamento sessuale, una vita parallela. E potremmo prolungare l'elenco all'infinito.

Ci sono segreti che non emergono mai e altri che invece vengono scoperti per interposta persona. Credo che in particolare questi ultimi casi diventino veri e propri traumi che vanno a depositarsi nell'amigdala delle persone che ricevono lo svelamento, ed è difficile rielaborarli.

Come possiamo comportarci quando si tratta di gestire un segreto? Con cautela e rispetto, come se maneggiassimo una mina: tutti sappiamo quanto sia rischioso, se a farlo non sono mani esperte.

Svelare un segreto in maniera drastica non è utile.

Se si tratta di bambini, possiamo costruire una narrazione graduale alla loro portata, usando un linguaggio a loro comprensibile. I bambini, per forza di cose, si fidano del mondo degli adulti. Devono, non hanno altra scelta. Starà a noi restituire loro una versione che abbiamo accettato, prima di tutto, noi stessi. I bimbi sentono se ciò che stiamo dicendo è qualcosa che possono accettare, se l'abbiamo levigata, sminuzzata e resa pensabile anche per loro.

Per esempio, i figli nati da fecondazione eterologa, se crescono con una propria storia saranno in grado di portarsela appresso, come qualsiasi altra storia che li riguardi, sempre se nel passargliela c'è un condimento di attenzione e amore.

Se, invece, il mondo adulto tentenna e non ha chiaro come porgere l'elenco delle cose vere al bambino, o a chi di dovere se già cresciuto, il rimbalzo emotivo che certe verità susciteranno nella psiche di chi viene coinvolto può essere deleterio.

Perciò, teniamo presente entrambe le valenze del segreto: la sua funzione di tutela e il peso psichico che crea. E di volta in volta valutiamo, facendoci aiutare da un professionista, se, come e quando rivelarlo. Il segreto va gestito con riverenza e attenzione, e va trattato in un ambiente protetto.

Occorre ribadire che, anche nella stanza della terapia psicologica, esistono ed esisteranno parti di noi che non vogliamo condividere, porte che non siamo pronti ad aprire. Ben lo sa chi fa il mio lavoro: il paziente non dice mai tutta la verità, o racconta una verità sua.

Anche dentro un percorso psicologico, è doveroso rispettare le zone d'ombra che la persona vuole conservare. La porta del segreto non può essere forzata, come nemmeno può restare chiusa a forza. C'è un momento, assieme a un modo e un tempo, in cui è possibile fare uno svelamento. O forse potrebbe non arrivare mai, e con questo è necessario fare i conti. In fondo agli abissi delle nostre coscienze giacciono segreti custoditi da secoli e tramandati in maniera ermetica. È buona norma ipotizzare che i segreti siano seduti a fianco dei commensali delle tavole di ogni famiglia e alberghino in ogni casa. Alcuni sono terribili, altri innocenti.

Un dato di fatto è che i segreti parlano: alcuni implorano di essere portati alla luce, altri richiedono di giacere nell'ombra per sempre, con rispetto.

Comunque sia, il segreto è insito nelle relazioni. Fa una valutazione impropria chi sostiene che in un rapporto occorra dirsi tutto. Se partiamo dal presupposto che il segreto è un diritto, come lo è la verità, il nostro approccio cambierà e riconosceremo che esistono aree di sé che una persona non è disposta a mettere in comune. Pretendere di estorcerle presunte verità la farà sentire forzata su un terreno da cui fuggirà, se non lo frequenta di sua volontà.

Credo che mettere in conto che l'altro abbia una zona d'ombra sia indispensabile. Poi possiamo valutare, di volta in volta, in ogni relazione, cosa questo restare in bilico comporti per noi. Ritengo che trattare i segreti nostri e altrui come se fossimo *ghostbusters* sia un autogol relazionale. Procedere invece in punta di piedi, includendo tutte le possibili sfaccettature dell'animo umano, è sempre saggio.

C'è un modo più intelligente di un altro? Purtroppo non

ho ricette, tanto meno sui segreti. Compito dello psicologo non è decretare che cosa sia giusto o errato, ma valutare costi e benefici dei comportamenti e delle azioni.

Ricordiamoci perciò che il segreto ha sempre un costo: sia mantenerlo sia svelarlo, e avrà comunque un effetto *rebound* sulle relazioni affettive presenti e future.

Insomma, pensiamoci.

Milo: un segreto inconfessabile

Milo è una persona nota nel suo paese e io lo conoscevo di vista. È stato uno dei miei primissimi pazienti, più di vent'anni fa. Sposato, ma con la fama del seduttore e lo sguardo da latin lover, Milo nascondeva sepolto dentro di sé un segreto: era attratto dagli uomini e aveva un amante molto più anziano di lui. Sembrava dipendere dall'affetto di quella persona e non riusciva a staccarsene. Al solo pensiero si sentiva morire di solitudine.

Quando scoprì che ero una psicologa, all'epoca in formazione, mi chiese aiuto per dipanare il suo malessere interiore. Mi diceva: «Spero che le persone credano che io venga a prendere un caffè da lei, piuttosto che pensino che io abbia qualcosa che non va».

Che in realtà significava: «Preferirei pensassero che siamo amanti piuttosto che svelare che sono gay». Me lo confessò un giorno durante un colloquio.

E da questa paura siamo partiti.

Piaceva molto alle donne per il suo fare impenetrabile, lo si vedeva camminare in paese sempre da solo. Non aveva amici, tolto l'amante che andava a trovare una volta alla settimana con regolarità.

Viveva una doppia vita e, sotto l'aspetto aitante e strafottente, era imbottito di vergogna.

Aveva tutte le caratteristiche di una forma narcisistica opaca, evitante, un Narcizitto, che dava solo briciole, la cui vanità consisteva nel negarsi. Non si esponeva, conduceva un'esistenza ritirata, casa e famiglia, parlava poco, era educatissimo e blindato dentro. Il figlio di Milo era taciturno come lui, e si era sposato con la propria madre, la moglie di Milo, prendendo il posto del padre assente. Lei era una donna trasparente, che non si notava mai, a cui il bambino faceva da cavalier servente. Nei lunghi pomeriggi di domenica in cui Milo spariva per andare dal suo amante, il figlio, mite e compiacente, restava accanto alla madre a farle compagnia.

Gli chiesi di parlarmi della sua famiglia di origine.

Figlio di contadini, era cresciuto in campagna assieme a un fratello maschio più grande e una sorella più piccola. La maestra si era accorta che era un bambino prodigio, e i genitori gli avevano permesso un'istruzione nel seminario della città più vicina. Era stato là che aveva ricevuto le prime attenzioni da parte di alcuni preti, ma non lo aveva detto a nessuno.

La sua famiglia era poi stata colpita da una tragedia: la sorellina giocava in cortile e lo zio, non avendola vista, l'aveva investita con l'auto in cortile. La piccola era morta e la famiglia di Milo era andata in frantumi. La madre di Milo aveva smesso di vivere, e anche una parte di lui era morta in quel momento. La mamma piangeva e urlava di dolore tutto il giorno; lui si nascondeva sotto il tavolo, si tappava le orecchie e si ripeteva dondolandosi: «Ci sono anch'io qui, mamma, mi vedi?»

Una volta cresciuto, ancora molto giovane, aveva trovato un'ottima posizione lavorativa e si era sposato. Presto era arrivato il figlio e la moglie era sparita nella diade col suo bambino, perciò Milo aveva iniziato a cercare uno sguardo fuori di casa.

Ma non nelle mille donne che avrebbe potuto avere, nonostante qualche relazione di copertura in effetti la mantenesse: aveva invece trovato le attenzioni di un anziano compaesano che lo gratificava e lo apprezzava.

Durante un nostro incontro a Milo si sbloccò un ricordo: dopo la morte della sorella, la madre gli aveva fatto crescere i capelli, ricci e biondi, e lo pettinava per ore. Milo sentì di aver preso, in quel momento, il posto della sorellina morta, e mi rivelò di sentirsi proprio così quando andava a trovare l'anziano amante. Lui lo elogiava per ore, e Milo si lasciava cullare proprio come dalla madre. Nei pomeriggi in cui spariva in quella casa riattivava l'antico rituale di aprire una finestra affettiva in cui riceveva amore. E soltanto lì, con quell'amico, si permetteva di lasciarsi amare. Dopo aver consumato un sesso rude e crudo, gli chiedeva di pettinarlo, come faceva la madre. Solo rimettendo in scena quell'antico rituale Milo si lasciava approcciare emotivamente.

Abbiamo lavorato tanto sul riprendersi il proprio posto nella famiglia, quello cioè di secondogenito avente diritto a una quota di madre. E poi concordato un esercizio in cui Milo sarebbe andato da lei e, guardandola negli occhi, avrebbe detto più o meno sottovoce: «Cara mamma, sono il tuo secondo figlio, non sono tua figlia. Sono Milo, io voglio vivere».

Con calma, Milo ha abbandonato il rituale della domenica pomeriggio e ora si accontenta di essere ammirato dalle donne. A oggi, è ancora sposato con la stessa moglie.

#Quadro n. 5

Il segreto

A BEN *pensarci, la famiglia è un aggregato di estranei. Come ho raccontato, io della mia non conoscevo quasi niente, se non la fatica, la solitudine e poco altro. Sono cresciuta con la compagnia dei libri che mio padre teneva dentro un armadio. Anche se non abitava con noi e passava poche volte l'anno a trovarci, aveva lasciato lì alcune cose. Nelle mie domeniche di bambina sola, stavo anche dieci ore davanti alla tivù, mentre mia madre cuciva parrucche, fonte di reddito per il suo salone.*

Guardavo la televisione in pigiama, e il dolce della domenica consisteva di una tazza di cioccolato in polvere solubile e zucchero che mangiavo a piccolissime cucchiaiate. Lo lasciavo sciogliere in bocca, e una tazza di polvere mi durava tutto il giorno. Se finiva ne rimettevo un altro po', in un rituale triste e solitario.

Avevo imparato a leggere da sola, unendo le lettere e le sillabe, come un gioco. Credo per farmi compagnia. Così, quando non guardavo la televisione, aprivo l'armadio dei libri di papà e li sfogliavo a lungo. Il mio preferito era un po' ingiallito e aveva delle illustrazioni: c'era un serpente con dentro un elefante, sembrava un cappello, e c'era un bambino che viaggiava tra le stelle, era un piccolo principe.

Ricordo una collana di libri tutti marrone, con tre scimmiette gialle sulla copertina: non vedo, non sento, non parlo. Una domenica, aprendone uno ci trovai dentro la foto in bianco e nero di una donna, con una dedica a mio padre.

Una storia zen narra di un allievo che va dal maestro e gli chiede: «Maestro, senza usare le parole, sai dirmi cos'è la realtà?» Il maestro gli dà un pugno in faccia.

Quella foto segnò la fine della mia infanzia: avevo dieci anni.

Corsi da mia madre: «Mamma, papà ha un'altra donna?»

Non c'era bisogno di spiegarmi chi fosse quella ragazza con i capelli corti nella foto, ogni cellula del mio corpo di bambina era in allarme. Ero certa che rappresentasse un pericolo, una minaccia. Mia madre, con gli strumenti che aveva, mi disse calma, come se niente fosse: «Quella è tua sorella».

Non sono mai stata brava in matematica, ma ricordo di aver fatto un calcolo velocissimo: se c'era una sorella, doveva esserci anche un'altra donna. Non ero più l'unica bimba del «mio» papà. Non ero più figlia unica.

Non sapevo più chi ero.

Da quel momento in poi ricordo il susseguirsi di un mucchio di frasi raffazzonate, che solo dopo molto tempo avrei scoperto essere un vero e proprio ricatto affettivo, che suonava più o meno così: «Tu sei tanto intelligente, quindi capisci, vero?» Il sottotesto era: non piantare grane.

Avevo scoperto «per caso» un segreto. Anche se con i segreti i «per caso» non esistono. Le persone lasciano tracce, vogliono essere scoperte, anche in maniera inconscia. Altrimenti fanno sparire ogni indizio. Se non lo fanno, c'è un perché. Nel mio caso, era un perché maldestro, gestito male dal mondo degli adulti.

Non solo avevo scoperto un segreto. Avevo scoperto di essere io stessa un segreto. Eravamo due sorelle, c'erano due «mogli», qualcuno sapeva, qualcuno no.

Questa era l'ombra della mia famiglia, e io ne facevo parte.

Devo dire che, per quanto dolore mi abbia causato, questa vicenda mi ha dato dei vantaggi. Sentirsi un segreto ti avvicina a chi i segreti li ha, e a chi li scopre. Ti mette dalla parte di quelli oscurati o oscuranti: chi meglio di me può capire i miei pazienti da questo punto di vista?

Fino a oggi ho raccolto i segreti più impensabili e non mi sono mai trovata in difficoltà. Essere stata un fantasma e aver scoperto le ombre della mia famiglia (col tempo sono venuta a conoscenza di altri eventi che, per il momento, non voglio raccontare) mi ha dato una specie di immunità verso quelle degli altri. E un intuito misto a delicatezza, che mi permette di camminare con tanto rispetto su un terreno minato e di capire profondamente le persone, quello che mi dicono e, soprattutto, non mi dicono.

9
Panni sporchi

«Assenza, più acuta presenza.»
ATTILIO BERTOLUCCI

NEL film *È stata la mano di Dio* di Paolo Sorrentino, nella scena finale un noto regista dice al protagonista Fabietto, che da grande vuole fare lo stesso mestiere, la frase che chiosa lo scambio tra i due: «Non ti disunire». L'interpretazione di queste parole apre a vari scenari: che cosa significa disunirsi?

L'intento del regista pare quello di dare un monito: «Non abbandonare la tua essenza e quello che sei», resta legato ai tuoi valori, alla tua terra e così via.

Trovo interessante questa espressione ai fini della nostra riflessione, perché ogni famiglia sembra vivere sotto un imperativo del genere «restiamo uniti». La cosa affascinante che mi pare di aver intuito dalle mie osservazioni sui sistemi familiari è che ogni famiglia usa un collante emotivo per mantenersi in vita.

Mi spiego meglio: in teoria, secondo gli stereotipi decantati anche nelle pubblicità, la famiglia dovrebbe reggersi su sentimenti alti e nobili quali l'amore, la solidarietà e l'armonia. Dal mio osservatorio, certe famiglie sembrano invece tenute insieme con lo spago della paura, per esempio. O sono agglomerate dal furore della rabbia. Oppure galleggiano in una specie di tristezza che accomuna tutti i componenti. Alcune sembrano ricoperte da vergogna, altre da sete di vendetta e così via. È come una tonalità emotiva di fondo che impedisce ai familiari di disunirsi. Un marchio di fabbrica indelebile. Da un lato, uno spirito di appartenenza anche nella sorte meno felice, dall'altro una gabbia emotiva invisibile e perenne.

Il fatto è che tutti dall'esterno sembrano vederlo, tranne loro.

E se zoomiamo ancora di più possiamo scorgere che in ogni famiglia aleggia un'ombra psichica, un insieme di non detti, un elenco di segreti custoditi da un patto di omertà. Anche l'ombra della famiglia, nonostante i suoi membri siano convinti di mantenerla occulta, da fuori non sfugge a un occhio attento.

Facciamo due esempi.

Giulia possiede il miglior negozio di abbigliamento in un paese di provincia e lo gestisce col marito, che però lavora pochissimo, è lei a tirare avanti il carro. Hanno due bambini belli ed eleganti, lei si mantiene una donna curata e molto attraente. La classica famiglia benestante, se non fosse che Ottavio, il marito, inizia la giornata con un caffè corretto. Ed è la prima di tantissime altre dosi giornaliere di alcol. Ottavio vive facendo il giro dei bar, con la scusa di essere un uomo generoso che offre da bere ai clienti, ingurgita un quantitativo di alcolici preoccupante. Ma è sempre affabile, gentile e ben vestito. E tutti in paese sanno. Tuttavia Giulia finge, non ne parla con nessuno. Talvolta, alle feste paesane, il marito resta fuori fino al mattino e lei carica i bambini in auto per andare a cercarlo di notte. Lo trova addormentato su qualche panchina o in auto, lo riporta a casa, lo sveste e lo mette a letto. Ma, dice, si sa che alle feste si tende a esagerare. Ottavio è un alcolista, e l'ombra della dipendenza aleggia sulla casa di Giulia e sulla sua esistenza in apparenza dorata. Un'ombra che da fuori tutti vedono, tranne lei.

Luca invece ha un'amante da trent'anni. Ogni pomeriggio

rincasa alle cinque, padre di famiglia impeccabile. Vede l'altra donna durante le trasferte di lavoro, o quando dice di fare gli straordinari. Giovanna, la moglie, sembra esserne all'oscuro. Tutti sanno, tranne lei. E l'ombra dell'inganno e del tradimento avvolge la famiglia di Luca, che ogni domenica presenzia alla messa delle undici, sorridente, e presta volontariato in parrocchia quando necessario.

Potremmo fare tanti altri esempi di come l'ombra abiti in casa delle famiglie, che tentano in tutti i modi di tenere nascosta la sua presenza, ma che ha un posto d'onore alla tavola dei commensali. E li tiene uniti.

Ombre, segreti, bugie, emozioni pesanti e torbide possono diventare membri invisibili e permanenti nei sistemi familiari.

Posture

La gerarchia familiare segue un ordine spontaneo: chi nasce prima ha più anni e di solito, avendo più esperienza, ha più potere nella gestione delle regole, o nel governare gli affari di famiglia. Nelle famiglie patriarcali, il patriarca non aveva alcuna remora nell'esercitare la propria autorità, a cui sottostavano coloro che venivano dopo.

Secondo il terapeuta familiare argentino Salvador Minuchin, le famiglie gerarchizzate rispettano confini definiti. Il sistema genitori ha la funzione di accogliere i problemi del sottosistema figli, mentre dovrebbe essere impermeabile e tenere per sé le faccende della coppia, o tutto ciò che non sta alla prole risolvere.

In un sistema funzionante c'è una gerarchia precisa: il sistema genitori precede quello dei figli, che è sottostante. Tuttavia, in certe famiglie il criterio cronologico viene invertito e alcuni figli si ritrovano in ruoli che non spettano loro. Talvolta, quando un ruolo si presenta «scoperto» e chi vi è preposto non lo svolge, qualcun altro lo farà per lui. Per esempio, se un marito lascia un posto vacante, facilmente un figlio si metterà a fianco della madre rimasta sola, snaturando così il suo essere figlio e assumendo il ruolo simbolico di coniuge. O ancora, qualora una madre si proponga in famiglia come orfana dei propri genitori, un figlio si sentirà investito della responsabilità di farle da genitore.

In tempi odierni, con l'avvento di vari altri tipi di famiglie (allargate e arcobaleno, per citarne solo un paio), molti ruoli paiono orizzontalizzati, o addirittura invertiti. In certi casi, alcuni con orgoglio si proclamano amici dei figli e fanno loro confidenze inopportune.

Quando, durante un colloquio, un paziente mi riferisce particolari sulla vita dei genitori, nello specifico dettagli riguardanti tradimenti o la loro vita sessuale, chiedo: «Lei come mai lo sa?» E la risposta di solito è: «Mia madre/padre si confida con me, mi chiede consiglio».

In tal modo genitori e figli assumono una postura scorretta, e un figlio può ammalarsi di scoliosi emotiva.

Sulle sue spalle vengono caricati pesi e fardelli che non gli appartengono e che si trasformeranno nelle zavorre a cui abbiamo già accennato. Chi ha una postura inadeguata nel proprio sistema non avrà energia a disposizione per poter costruire la sua vita; ricoprendo invece il nostro ruolo sentiremo di avere la forza per realizzarci. E, sempre restando nel *fil rouge* della nostra trattazione, possiamo vedere con chiarezza quanto questo essere fuori posto nel sistema di origine andrà a influenzare le future relazioni adulte.

Proviamo a esplorare meglio la questione.

Se quando era il momento di fare la figlia, la figlia si è trovata a fare la madre della propria madre, quel vissuto infantile sacrosanto a cui avrebbe avuto diritto non è accaduto. Quando la bambina diventerà donna, dovrà fare i conti con ciò che è stato lasciato indietro.

E indovina dove porterà questo irrisolto? Nella relazione col partner, a cui chiederà di farle da genitore, cercando nell'altro quello che le è mancato. Qui, proprio qui, si manifesterà la dipendenza affettiva, che può restare sopita e sommersa a lungo, fino a quando la ragazza si imbatterà in una persona che ha il *physique du rôle* e riattiverà in lei tutta la dinamica emotiva irrisolta. Peccato che non possa essere un partner a risolvere quel nodo: solo noi stessi possiamo prendercene cura, con un percorso di consapevolezza, andando a ritroso e facendo pace con l'idea e con la sofferenza per ciò che crediamo ci sia mancato.

Pertanto, dobbiamo stare molto attenti a mantenere il nostro posto, riconoscendo se la nostra è una famiglia che segue una gerarchia ordinata e funzionale o se è una famiglia rovesciata. Ricordando anche che le inversioni di gerarchia avvengono per quell'amore cieco e devoto di cui abbiamo già parlato e che spesso è uno dei collanti che tiene insieme le famiglie.

Sara: io meglio di voi, mamma e papà

Sara ha quarantasei anni, proviene da un paese ai piedi delle Dolomiti e ha avuto due genitori bambini, che non sapevano gestirsi. Entrambi avevano alle spalle un passato di droghe, spaccio, furtarelli. Con i soldi non erano mai riusciti a farcela, perciò Sara aveva dovuto iniziare a lavorare a quattordici anni (all'epoca si chiudeva un occhio, soprattutto in certe realtà un po' remote) e poco dopo aveva preso in gestione un bar con la cugina. Frequentava le scuole serali e studiava di notte, o appena trovava il tempo, facendo levatacce per coprire il turno del mattino. Poi si era diplomata e aveva trovato lavoro a Trento ma aveva continuato a mandare i soldi ai genitori che non riuscivano a pagare le bollette. La madre lavorava come ausiliaria in una scuola, il padre faceva qualche lavoro stagionale. Sara giudicava i genitori inetti e li trattava come due adolescenti, sgridandoli, minacciandoli di lasciarli senza luce, gas e acqua. Insomma, era come se fossero i suoi figli scapestrati, e questa inversione di ruoli la portava ad avere una postura del tutto sbilanciata.

Trasferitasi da poco vicino a Modena, arriva nel mio studio affranta, perché ha una storia con Francesco, nata da poco, ma che già traballa. Lui è sposato, con figli grandicelli. Lei gli chiede di più ed è incredula che lui, dopo sei mesi che si frequentano, non lasci la famiglia. Non si dà pace.

Chiedo a Sara di disegnare sulla sabbia la sua famiglia (è una tecnica ideata verso la metà del secolo scorso da Dora Kalff, una terapeuta junghiana, che uso talvolta, adattandola alle tematiche che tratto). Rappresenta se stessa immensa, e i genitori come fossero due grappolini appesi a lei.

Capita molto spesso che i miei pazienti si percepiscano più grandi dei genitori.

Quello che Sara non ha ottenuto dalla madre e dal padre ora lo aspetta da Francesco, pretendendo che divorzi dalla moglie, senza vederne le difficoltà. *Give me more*, dammi di più, è un ritornello frequente in molte coppie. La persona che avverte mancanze dentro di sé andrà nella relazione con un'attitudine richiestiva: fammi, dammi, dimmi. Perché? Perché la vita mi è debitrice, perché ho diritto a essere risarcita (o risarcito). Insomma, si va a batter cassa dal partner. Oppure, anche se ho avuto sempre tutto burro e zucchero, avrò le medesime pretese, perché il mondo mi deve lo stesso trattamento ipergratificante che ho avuto in precedenza, direbbe la principessa sul pisello.

Ma non è questo il caso di Sara, che ha tutta l'aria di muoversi nella relazione come una piccola fiammiferaia, mendicante e bisognosa di conferme.

L'amore non si chiede, il tempo non lo si può pretendere. Ma soprattutto, occorre capire che non lo si sta chiedendo al partner: si sta bussando al cuore di quel genitore che ci è tanto mancato.

Ninna nanna, ninna oh, questo dolore a chi lo do

Secondo quanto visto finora, per amore spesso cieco, non obiettivo e inconsapevole, talvolta senza saperlo, ci accolliamo il dolore di un familiare sofferente: «Lo porto io per te il tuo dolore, mamma (la tua tristezza, la tua vergogna, la tua rabbia e così via)». E anche qui assumiamo una postura errata: non ci si può caricare sulle spalle un genitore, né tanto meno la sua sofferenza.

Perché ci graviamo di questo fardello?

Perché siamo animati da un sentimento salvifico verso i membri del nostro clan, e per la paura di non appartenere, come accadeva a Mariella, la cui storia abbiamo raccontato nel Capitolo 2. Non solo ci coordiniamo alle esigenze del nostro gruppo, ma ne condividiamo anche le sorti emotive facendo scelte e rinunce, a volte sposando la loro infelicità.

Duilio: io ti salverò, mamma

La storia di Duilio è emblematica: ho avuto moltissimi pazienti, sia uomini sia donne, con una storia simile, se non con la stessa età, con un passato che li accomuna.

Duilio è un ragazzo di trentacinque anni, gentile e dolce. Porta nei nostri colloqui online un problema di lavoro. Nonostante abbia una laurea in ingegneria gestionale e pur avendo presentato il curriculum a svariate aziende, non riesce a trovare un'occupazione. In realtà aveva avuto un'offerta di lavoro a Mantova, ma quando è stata ora di presentarsi si è ritirato e ha rinunciato.

Ha avuto diverse esperienze sentimentali, alcune anche travagliate, ma il suo cruccio è un altro. Ha studiato da pendolare in una grande città, rientrando a casa ogni sera; ultimamente gli capita di fermarsi a Ferrara da un amico, ma dice di sentire il richiamo delle sue abitudini, delle passeggiate sulle rive del Po.

In realtà, Duilio non riesce a stare lontano da casa.

Sally, la sorella minore, è all'ultimo anno di Medicina, e anche lei fa la pendolare. È molto magra, secondo Duilio «quasi anoressica»: dice che a tavola mangia, poi sputa i bocconi nel tovagliolo e lo nasconde in grembo. Il padre, Umberto, è impiegato all'ufficio postale e lavora solo al mattino. Lia, la madre, è casalinga e non esce mai. Duilio mi racconta di pomeriggi in cui si ritrovano tutti e quattro in casa, a soffocarsi a vicenda.

Sente una rabbia mista a disprezzo per il padre, e una profonda preoccupazione per la madre. Della sorella sembra non importargli molto.

Quella di Duilio si prospetta come una famiglia invischiata, come la definirebbe Minuchin, vale a dire con confini confusivi tra i membri e in cui qualcuno porta il dolore emotivo per qualcun altro.

Cerco di approfondire.

Duilio mi racconta quasi *en passant* che la madre abusa di psicofarmaci e di alcol, e dice di essere molto preoccupato per lei.

Capita infatti molto spesso che i pazienti riferiscano di una dipendenza di un familiare dopo molti colloqui, come fosse un dato non influente. In verità, è un tentativo di spostare il problema e non volerlo vedere, guardare, ammettere.

Alla sera, Duilio tende l'orecchio e presta minuziosamente attenzione ai rumori in casa. Dalla sua camera, riesce a percepire il suono del cavatappi e il tintinnio delle bottiglie di vino: conosce a memoria il rituale autodistruttivo della madre e se ne dispera in cuor suo, sentendosi impotente. Al mattino perlustra le stanze, controlla le bottiglie vuote e conta i mozziconi delle sigarette che la mamma fuma di nascosto. Solo dopo qualche incontro mi rivela di sentirsi costantemente angosciato per la salute della madre, di avere il terrore che possa morire e di essere arrabbiato col padre che «non fa niente per aiutarla». Inoltre, sospetta che lui abbia un'altra donna, con cui chatta di notte, e per questo dice di detestarlo ancora di più.

Duilio è codipendente dalla madre.

La codipendenza, come ben spiega nei suoi scritti la psicologa Robin Norwood, è una dipendenza emotiva da una persona che a sua volta dipende da altro: da una sostanza, come alcol o droghe, o da un vizio, come il gioco d'azzardo o l'acquisto compulsivo. La terapeuta definisce tale dinamica «amare troppo». Ciò che va specificato è che questo sentimento non è amore, bensì uno stato di dipendenza che toglie obiettività e allontana da una sana autonomia emotiva. Inoltre, non riguarda solo chi «ama troppo» un partner, ma coinvolge vari tipi di relazioni che ingabbiano gli individui, impedendo loro di fluire nella vita.

Duilio ha tutte le caratteristiche di un «troppo amore» che si traduce in un attaccamento salvifico per la madre. Atteggiamento molto frequente di chi in casa ha questo problema.

Quando è a Ferrara ospite dell'amico ha il pensiero fisso di casa, chiama la mamma per verificare il suo grado di sobrietà, le dice di fumare e bere meno, e lei gli risponde di non poterci fare nulla. Sally pare persa nei suoi studi e nel suo malessere, a disagio con un corpo che copre di vestiti di tre taglie maggiori della sua, non parla mai col fratello. Chiedo a Duilio, in modo provocatorio, se consideri la madre «solo sua». Risponde con una risata imbarazzata di non averci mai pensato, ma subito dopo ammette di sì.

Ha avuto un rapporto fusionale con la madre fin da piccolo: Duilio corrisponde all'archetipo «bravo bimbo della mamma», obbediente e diligente, il classico *golden child*, iper responsabilizzato. Scopro che la madre, musicista, non ha potuto farsi una carriera perché le maternità e il contesto poco stimolante della bassa padana l'hanno costretta dentro le mura di casa, dove ha finito per seppellirsi.

Chiedo a Duilio se in casa ci siano litigi, mi risponde: «Mai». L'omertà sembra tenere insieme la sua famiglia, piena di un dolore inespresso che tuttavia si manifesta prepotente in Duilio quando tenta di allontanarsi da casa per trovare il proprio posto. Sally è indietro con gli esami, procrastinando anche lei il suo ingresso nel mondo del lavoro.

Tutti sembrano paralizzati in un mito che li protegge e allo stesso tempo li immobilizza: non ci si allontana da casa, e soprattutto di fronte ai problemi si fa finta di niente.

Duilio deve lavorare tanto sul suo senso di colpa nel sentire che, allontanandosi, tradirebbe la madre. Di fronte a quel genitore fragile e sofferente, ha assunto un ruolo non suo, quello di salvatore e di portatore del suo dolore. Diventando un genitore buono che si occupa di lei, incapace di essere felice, Duilio dimentica se stesso e la sua giovane vita.

Questa inversione di ruoli è una postura disfunzionale e causa una profonda infelicità in chi la attua. Come abbiamo visto, quello che governa le famiglie è sempre una forma di amore, che in taluni casi è storto e improprio. Duilio conserva intatto dentro di sé l'amore cieco e infantile per la madre, e nella sua matematica emotiva fa l'equazione: se non resto a fare da sentinella lei morirà e la mia famiglia andrà in mille pezzi.

In questi casi, ciò che riporta ordine e salubrità nel sistema è comprendere la dinamica malsana e tentare di riappropriarsi del proprio ruolo. Nello specifico, Duilio deve dichiarare prima a se stesso di essere soltanto il figlio, che i genitori sono gli adulti e non può essere lui a salvarli. Iniziare a fare la propria parte, per quanto doloroso e colpevolizzante, è l'unico modo per ridistribuire con efficacia i pesi nel sistema familiare. A ciascuno il suo.

Il braccio di ferro emotivo

Nelle famiglie, che ci piaccia o no, vige sempre un patto affettivo: «Per essere amato, queste sono le condizioni». Oppure, al contrario: «Dimmi cosa posso fare o come devo essere per avere una goccia del tuo amore».

«Mi devi aiutare, salvare», potrebbe dire un genitore. Il figlio, dal canto suo: «Se non mi approvi in ogni cosa, cara mamma, non ti parlerò più».

I figli non sono una garanzia di felicità. Nemmeno i genitori. I ricatti affettivi creano una fitta rete di contrattazioni più o meno esplicite, «punto mio, punto tuo, palla al centro». Molto più banalmente: «Se mi aiuti a fare le lavatrici forse ti guarderò con benevolenza, ma se non fai il tuo letto per tre giorni è probabile che guadagnerai una raccolta di occhiate torve, se non di peggio». E così via.

Durante un litigio, può succedere che uno dei due cerchi supporto dagli altri membri della famiglia. Nascono così spesso delle correnti di approvazioni, disapprovazioni e ricatti anche impliciti per esortare i familiari a entrare nel proprio team.

Quello di avere ragione e di trovare appoggio nei battibecchi e nelle scelte comuni è un obiettivo di tutti, e per raggiungerlo si innesca di frequente una dinamica definita in ambito psicologico «triangolazione». Si cercano o si creano cioè coalizioni del tipo «due contro uno»: ci si lamenta di un familiare non con il diretto interessato, ma si usa qualcuno come alleato contro la persona con cui si è arrabbiati. Si tratta di un meccanismo comune, che può scattare, per esempio, anche nei luoghi di lavoro, causando situazioni caotiche e difficilmente gestibili.

Se si vuole evitare di essere coinvolti nostro malgrado, è bene fare molta attenzione e domandarsi:

- Le cose che mi stanno raccontando mi riguardano in maniera diretta?
- Se la risposta è no, chiedere alla persona di parlarne con chi di dovere e togliersi dal triangolo.
- Se ad avere la tentazione di triangolare siamo noi, possiamo cercare di capire se stiamo agendo con correttezza o se vogliamo usare la persona o la situazione per ottenere potere.
- Non giudichiamo. Voler avere la meglio nelle situazioni è un istinto innato di sopravvivenza.
- Rinunciare ad avere il potere sugli altri è una manifestazione di adultità. Possiamo scegliere come vogliamo porci nel mondo.

La pace e l'armonia in famiglia si ottengono quando ognuno fa la propria parte, mantenendo una postura corretta. Significa non cedere alla tentazione di prevaricare, manipolare o stringere alleanze per confermare il proprio ego.

Nina vive con la madre Alba, la sorella maggiore Lisa e il padre Guido, che lavora in una fabbrica di ceramica e fa tre turni, lavorando anche di notte. Mi mostra orgogliosa un tatuaggio in cui compaiono solo tre iniziali: la sua e quelle della sorella e della madre, quella del padre non c'è.

Nina è molto insicura. Nonostante sia molto bella, intelligente e abbia un'ottima posizione, naviga in una costante incertezza. Vive una situazione sentimentale che ho ascoltato mille volte. Cambiano i nomi e le città, ma il copione è molto frequente. È fidanzata con Antonio, ma si è invaghita del capo, Gregorio, un uomo sposato che la seduce per poi ignorarla per giorni. Profondamente infelice, non ha il coraggio di lasciare il compagno, orfano di madre e molto innamorato di lei, premuroso e presente. Tuttavia, le attenzioni di Antonio sembrano soffocarla e infastidirla, mentre vive appesa e sospesa, in attesa di un incontro con Gregorio.

Nina ha una evidente dipendenza affettiva, che si è slatentizzata attraverso la frequentazione clandestina con il suo capo, palesemente un Narci ad alta grammatura abbagliante.* Di notte non dorme e denota un'ansia costante anche nel tono di voce, le sillabe dei suoi racconti corrono e si inseguono concitate. Nina è una bella anima all'inferno.

Le chiedo di parlarmi della sua famiglia.

La madre, Alba, è rabbiosa e sprezzante nei confronti del marito, che non la degna di uno sguardo. Bellissima donna, lavora a scuola come insegnante di sostegno. Ha un amante disimpegnato, che Nina tenta di mal celare chiamandolo flirt,

* La ferita narcisistica si manifesta in maniera abbagliante o opaca. Nella forma abbagliante, la persona appare egocentrica e sembra dire sempre: «Io, io, io».

e scopro così che Alba si confida con la figlia, triangolando contro il marito.

Quello che mi dipinge Nina è un quadro familiare dove il padre non compare mai, se non per essere squalificato. Capita molto spesso che durante un colloquio le tracce svalutative verso i familiari, o un partner, si evidenzino nell'espressione del viso di chi mi sta parlando. Ormai sono così allenata a riconoscerle che scruto i movimenti oculari, o le pieghe della bocca quando i pazienti pronunciano la parola «papà» o «mamma», insieme alle note modulate dalla voce. Alcune persone producono un suono acuto, altre uno basso, talora anche dolce.

Tutto in Nina mi rivela disgusto verso il padre. Le chiedo di dirmi il motivo di tale sentimento e lei non sa darmi una risposta. La invito allora a descrivermi il padre con gli occhi della madre, e lei lo dipinge come un marito assente, freddo, rude. Dice poi che la mamma ha sposato un uomo così «basico», per usare le sue parole, perché obbligata dalla madre in quanto era rimasta incinta. Alba ha quindi avviato una vita infelice con un uomo che non ama, e non permette alle figlie di amarlo. Nina sostiene di capire la mamma se «va a cercarsi una distrazione fuori», giustificando così il suo comportamento centrifugo. Le faccio notare che lei fa la stessa cosa. Perché accade proprio così, se qualcuno in una famiglia reitera un comportamento, gli altri recepiscono il messaggio più o meno implicito: «Si può, si fa».

Nel caso di Nina, il tradimento, se attuato dalle donne, è sdoganato, autorizzato, omologato.

Un particolare nel suo racconto mi colpisce. Descrivendomi una scena del loro ultimo Natale, racconta che sotto l'albero c'erano solo tre regali, con tanto di bigliettino. Per il padre nemmeno uno. E mi conferma che è sempre stato così, «tanto lui non apprezza nulla», dice.

Dopo alcuni colloqui mettiamo insieme le tessere del puzzle.

Mi è chiaro che diventando l'amante segreta del capo, ricevendo tutte quelle umiliazioni, Nina ricrea una situazione di profonda infelicità, proprio come quella della madre che non si sente vista dal marito, definito «gretto». Senza saperlo, Nina, oltre a essere compartecipe di un meccanismo di triangolazione, porta anche il dolore della madre, e in modo inconscio tenta di sciogliere quell'infelicità cercando di conquistare Gregorio. Ma ottiene la stessa solitudine di Alba. Perché molte volte prendiamo il dolore nascosto del genitore che amiamo e lo lavoriamo al posto suo e rendendolo nostro lo rimettiamo in scena in una versione 2.0, lo riattiviamo come per sfida, facendo le veci del genitore. «Io riuscirò a farmi amare da te, che non mi vedi», sembra dire Nina. Lo fa per la madre, e finisce umiliata e invisibile come lei, va a bussare a un uomo che non la vede e che si nega negli affetti. Come il padre. Non avendo via libera per relazionarsi al padre, se non attraverso il filtro materno, Nina resta orfana della figura paterna, che vive in casa come un fantasma. Per amore della mamma, e per condividerne il dolore, Nina è disposta a tutto, anche a rinunciare al papà.

Col tempo cerchiamo di costruire una nuova viabilità verso l'affettività con il padre, anche se dapprima Nina si rivolge a lui solo in assenza della madre, per paura di darle un dispiacere. Poi, una volta, ha il coraggio di invitarlo fuori a pranzo e a poco a poco fa la conoscenza di quell'uomo, fino a quel momento rimasto periferico e pressoché estraneo. Elenchiamo insieme alcune cose che le sarebbe piaciuto fare con lui e che non si è mai permessa.

Il recupero della figura paterna è un processo lungo, ma a mano a mano che Nina si avvicina affettivamente a lui, perde interesse e bramosia per il suo capo. Per il compleanno del padre, gli ha fatto trovare un regalo sul tavolo della cucina. Il primo.

#Pensiamoci

Nella tua famiglia sei autore di triangolazioni, o ti sei trovato triangolato? Come ti sei sentito?

Riesci a riconoscere quella parte di te che vuole imporsi sugli altri, o che si sente schiacciata da queste dinamiche?

Divieto d'accesso

Se la madre decide di impedirlo, i figli, almeno fino a quando sono piccoli, non hanno accesso emotivo al padre. So che sembra un'affermazione forte; tuttavia, osservando i movimenti familiari, è la mamma (o chi per lei) il primo universo di accudimento del bambino (o il *caregiver* prevalente). Il figlio vedrà il mondo col suo sguardo, poiché è la madre che lo legittima. E il mondo è tutto ciò che è subito fuori da quello che da piccoli chiamiamo «mamma». Il bambino, come ho approfondito in *Di troppo amore*, farà per sempre i conti col numero tre nella triade costituita dalla madre, sé e l'altro, che è in genere il padre (o l'altro partner, in caso di omogenitorialità), o con la sua assenza. Nei casi in cui ad accudire il piccolo non sia la mamma, è sempre il suo grembo il primo incontro, e da lì partiranno le relazioni che il figlio instaurerà. Nella storia di Nina vediamo quanto la madre tenga prossime a sé le figlie come scudo contro il marito detestato. E le figlie, Nina in particolare, sentono di non poter «guardare» verso il padre.

Tali vendette trasversali esistono: un familiare si allea, come abbiamo visto, in processi di triangolazioni, due (o più) contro uno. L'esclusione di un membro dagli affetti crea forti turbolenze nel sistema familiare: se qualcuno viene estromesso, allontanato di proposito, o se si autoesclude, tutto il gruppo ne risente.

Significa che restare uniti è una condanna eterna? No. Significa che le famiglie sono governate da leggi sistemiche, e ogni membro ha il diritto di appartenere e farà di tutto per riuscirci.

Questo va rimarcato: se avviene un'esclusione o accade una rottura, l'insieme si riorganizza, ma un posto resta vacante, quello della persona allontanata. Ciò va riconosciuto e, in un certo qual senso, onorato. Se la rottura è definitiva (in molte famiglie i rapporti si interrompono e non si riallacciano più), il lutto della composizione precedente va affrontato, altrimenti facilmente qualcuno arriverà a prendere il posto – a livello simbolico – di chi si è allontanato per scelta sua o degli altri membri.

Facciamo un esempio. Se il padre se ne va di casa, non contatta più i figli e non dà più sue notizie, per loro quello resta comunque il padre: un padre vacante. Come dicevamo parlando di posture, può accadere che istintivamente uno di loro prenda il suo posto, creando un'inversione di ruoli e agendo in vece sua. Lo si fa per proteggere la famiglia, ma si paga un prezzo molto alto, quello della rinuncia a sé, sacrificandosi per il tutto. Bisogna, invece, avere il coraggio di lasciare, per usare una metafora, quella sedia vuota, e farci i conti. Va da sé che possa accadere che, invece di sedersi su quella sedia vuota, da adulti i figli vadano a chiedere a qualcun altro di occuparla, facilmente a un partner.

Esclusioni

Quanto detto finora ci viene in aiuto per approfondire il tema dell'esclusione di un membro della famiglia, quello che un tempo si sarebbe definito «ripudiato».

L'argomento è affascinante: ogni persona che è stata estromessa da un gruppo lascia un marchio indelebile. Proviamo a riflettere. Se andiamo a una festa di persone a cui teniamo, è probabile che faremo caso a chi non c'è, e questa persona, per paradosso, occuperà un posto enorme nella sala.

Stando a un principio che governa i sistemi, ogni membro ha il diritto di appartenere, perciò – come abbiamo visto – farà di tutto per restare dentro le regole del sistema, per paura di essere estromesso e perdere così il proprio gentilizio. In alcuni piccoli paesi vige ancora l'usanza di presentarsi attraverso la propria progenie, e questo ci dà la misura di quanto questo aspetto sia importante: «Sono Roberto, figlio di Antonio e nipote di Giovanni». «Sai Andrea? Il figlio del farmacista.»

L'usanza è andata scomparendo nelle grandi città, ma il definirsi attraverso la propria genealogia è stata una pratica consolidata per lungo tempo, e la ritroviamo ancora nei discorsi delle persone anziane capaci di ricostruire un intero albero genealogico. Questo ha anche una funzione ben precisa all'interno delle comunità: in un'epoca in cui il passaparola era un telefono senza fili prezioso, queste anagrafi viventi, spontanee, proteggevano i villaggi da potenziali malfattori. Il figlio del farmacista assume così una connotazione, e nel piccolo cerchio delle conoscenze si ricostruisce una specie di curriculum: di lui si conoscono gli averi, le terre, le sorti personali e della sua famiglia.

Ora questa ricostruzione viene falsata dai social, dove le persone dicono e mostrano ciò che vogliono, e non ci sono gli anziani a confermare o smentire quanto viene dichiarato. Ma si tratta di un altro discorso.

Questo lungo inciso per sottolineare quanto sia importante appartenere, e da qui il disagio e il dolore di non far più parte.

Torniamo alla festa, dove notiamo in maniera estrema quella persona che manca e assume dunque un peso maggiore di chi c'è. Così funziona la nostra psiche: se l'assenza è dovuta al fatto che la persona è stata esclusa o rifiutata, allontanata di proposito, quel posto vacante ricoprirà un ruolo immenso all'interno del sistema, e di certo altrettanto nella mente di chi l'ha estromessa. L'individuo che ha subito l'esclusione creerà attorno a sé un simbolico tessuto infiammato, e qualcuno cercherà di compensare quella perdita per riportare l'equilibrio.

Se pensiamo a una famiglia come a un campo magnetico di forze che lo mantengono magnetizzato, quando viene a mancare un elemento, cosa faranno gli altri elementi? Si ridistribuiscono per raggiungere di nuovo l'omeostasi, utile condizione per il mantenimento in vita dell'equilibrio di tutto l'insieme. Per la salute del sistema conviene mantenere quel posto attivo. Lo zio che è in carcere ha il suo posto, appartiene. Non è edificante, certamente, ma esiste e fa parte. Ignorarlo gli darà un peso specifico enorme.

Naturalmente, questo non significa che chi ha commesso reati vada assolto in famiglia: chi infrange la legge paga. Qui stiamo ribadendo che se nel sistema è stata negata l'appartenenza, la persona chiusa fuori dalla porta reclamerà il suo posto – non verbalmente –, attirerà come una calamita le energie del gruppo e diventerà una spina nel fianco anche se non se ne parla. La realtà onesta sarebbe dirsi: «Abbiamo in famiglia un membro che ha commesso scorrettezze, reati, o altre azioni per cui ci tornerebbe comodo escluderlo, fingere che non esista». Questo lo renderà però l'elefante nella stanza; tanto vale lasciargli la sua sedia, tornando alla metafora. E la responsabilità di ciò che ha fatto.

Se invece è un membro ad autoescludersi?

Ti rivelerò un segreto: chi è stato escluso, prima di tutto tenderà a escludere e soprattutto farà in modo di autoescludersi. L'esclusione crea la ferita del rifiuto, e il rifiutato diventerà rifiutante, specie verso di sé, pensando di meritarlo.

La storia di Letizia ci fa capire come poi tutto questo andrà a tradursi nelle relazioni.

Letizia: la figlia del ladro

Letizia ha diciannove anni e studia Infermieristica. Il padre è in carcere da anni, per una rapina. Quando mi chiede aiuto, tuttavia, non è per il rapporto con lui – non gli parla da anni – ma perché non va d'accordo con Tommaso, il fidanzato. Stanno insieme dal liceo e ora lui studia Giurisprudenza in una città vicina, si vedono poco e quel poco lo passano a litigare. Tommaso le rinfaccia di essere la figlia di un malvivente e la disprezza. I loro rapporti intimi sono improntati all'umiliazione, lui la squalifica, la svaluta. E lei non riesce a lasciarlo.

Alla storia con Tommaso non presto per il momento molta attenzione: voglio approfondire il rapporto col padre. Letizia dice di non volerlo mai più sentire. Nessuno della famiglia va a trovarlo, nessuno ne parla. È come se non esistesse.

Noto che Letizia è di una correttezza impeccabile, educatissima, non arriva mai un minuto in ritardo, a scuola ha ottimi voti. Paga i colloqui con risparmi suoi, che guadagna facendo qualche ora in un bar. Osservo il suo aspetto fisico: sebbene senza sfarzo, è vestita in modo curato, ha una dignità nel portamento e tutto nel suo ordine mi colpisce.

Ipotizzo che questo perfezionismo in eccesso e la sua onestà esasperata abbiano per lei una funzione riparatoria.

Quando le chiedo se ama il padre si mette a piangere, poi una rabbia sotterranea viene a galla e le parole sgorgano come un fiume in piena. Risponde di vergognarsi moltissimo di lui, pensa che tutti la valutino in base a ciò che ha fatto il padre.

Le domando se stare con Tommaso possa essere un modo di scontare la pena di suo papà, che anche lei, nel suo inconscio, pensa di dover scontare. E Tommaso è il carceriere perfetto: la rifiuta, esattamente come lei rifiuta il padre e se stessa. Rigettando quel genitore, infatti, Letizia rifiuta parte di sé, diventando, anche se in maniera diversa, una persona emarginata come lui. E accetta i maltrattamenti di Tommaso come se fossero naturali, autoescludendosi da un amore vero e accontentandosi di un secondino.

Con Letizia stiamo lavorando su restituire i pesi non suoi al padre, lasciando a lui tutta la responsabilità di ciò che ha fatto. La strada è ancora molto lunga. Ma possibile.

Di famiglie disfunzionali

Talvolta, però, la famiglia non solo è assente: diventa anche teatro per affermare il proprio ego. E, invece di essere il luogo degli affetti e delle oscillazioni verso un'evoluzione positiva, si trasforma in luogo dell'assenza, o degli errori.

Quando propongo un tema nelle mie storie su Instagram, oppure scrivo un post informativo o divulgativo su certi argomenti, succede che poi, sulla scia di quelle riflessioni, molte persone mi scrivano messaggi che aprono uno squarcio in storie atroci, ma che contengono anche un seme di consapevolezza. Per esempio, quello di Isadora: «Quando avevo quattordici anni mio padre mi raccontava della sua amante… facendomi sentire le loro canzoni… facendomi leggere i loro messaggi e screditando mia mamma… A distanza di anni mi ha chiesto scusa… Non so se è correlato, ma io poi da grande ho fatto per tanti anni l'amante».

Certe testimonianze racchiudono in poche frasi eventi traumatici che restano indelebili nel nostro mondo interiore e condizionano per sempre la nostra vita, se non le affrontiamo con l'aiuto di un terapeuta, come nel caso di Virginia.

«Quando avevo dai dieci ai quindici anni, mia madre mi mandava ad accudire mia nonna alcolista. Mi costringeva a stare lì pomeriggi interi, a tenerla chiusa in casa perché gli altri non la vedessero in quelle condizioni. Per me era tutto normale, solo ora capisco quanto ho subito. A distanza di trent'anni e nonostante la morte della nonna, ricordo ancora l'odore di alcol che usciva dalla sua bocca, le guance rosso fuoco, le parole indesiderate, le scenate. Oggi, mi faccio tenerezza.»

Ho chiesto alle lettrici il permesso di riportare questi loro messaggi in quanto sono esemplari di una postura in cui tante, tantissime volte ci si trova senza sceglierlo, in modo del tutto disfunzionale, invertendo ruoli e svolgendo mansioni che non ci spettano.

Purtroppo, talvolta il nucleo familiare si trasforma in uno scenario in cui l'obiettivo è quello di annientarsi gli uni con gli altri, diventando così ciò che non solo viene definita «famiglia disfunzionale», ma arrivando a toccarne manifestazioni estreme.

Figli di Barbablù

Quando le cose funzionano e gli ingranaggi del sistema sono ben oleati, la famiglia è un porto sicuro a cui fare riferimento e dove approdare in caso di bisogno.

Succede però, come dicevamo, che i familiari si sbranino tra loro. Rivalità, competizione e fantasie di annientamento rappresentano il loro mito, e il mandato sembra essere: «Distruggiamoci tra di noi, estinguiamoci». Si applica perciò un codice affettivo inverso e compare una forma di amore rovesciato, improprio: un amore rotto e interrotto, un sistema in cui impera il giudizio sulla propria stirpe ritenuta indegna.

Il fatto è che quel giudizio, o qualsiasi genere di violenza, viene interiorizzato, diventando un elemento interno persecutorio che agiremo talora verso gli altri, altre verso noi stessi, o autorizzeremo gli altri a farlo contro di noi.

Rebecca ha una storia talmente drammatica da sembrare un racconto horror. Invece è tragicamente tutto vero, e lei ha deciso di condividerla. La sua narrazione, che ho deciso di riportare con le sue parole, descrive alla perfezione tutte le sfumature di storture affettive, amore negato e crudeltà che derivano da disperazione e analfabetismo emotivo. La violenza domestica è come una piovra i cui tentacoli letali avvelenano ogni aspetto della vita intrafamiliare.

Insomma, la storia di Rebecca è quella di tante famiglie perdute, senza le parole per esprimere la sofferenza e l'impotenza, una storia che si ciba di dolore. Vittime loro stesse di un amore muto e a rovescio, che maltratta invece di fare bene, annienta piuttosto di costruire, distrugge invece di rispettare, generare, progredire.

Rebecca: l'Armageddon familiare

In principio pensavo che la mia famiglia fosse la normalità.

Sono nata in Valle d'Aosta, in un piccolo paese con poche anime. Sono l'unica figlia, ultimogenita preceduta da tanti fratelli maschi. Mia mamma era un'infermiera, mio papà faceva l'operaio, anche se aveva un diploma. In più, era ed è un alcolista, violento e molto paranoico.

Mia madre non era come lui, ma certo non si risparmiava; c'era parecchia violenza di tutti i tipi in casa, fisica, verbale e psicologica.

I nonni materni non erano favorevoli al matrimonio tra i miei; mamma mi raccontò che prima di mio padre era stata innamorata di un altro uomo ma aveva dovuto lasciarlo su imposizione dei genitori, quindi alla fine il fidanzamento con mio papà era stato, a detta sua, «un dispetto».

Papà era come il padre e i fratelli, molto violento. Ricordo mio nonno che sfogava la propria ira sugli animali della fattoria, addirittura che inveiva contro le mucche impugnando la forca, un bastone, qualsiasi cosa trovasse, e faceva così anche con i figli.

Bestemmie, alcol e aggressività erano la norma in casa. Quando andavo a pranzo da loro, per il nonno era normale dare a noi nipoti, anche se eravamo piccoli, un bicchiere di acqua e vino. Sua moglie era una di quelle figure poco affettuose, non sedeva mai a tavola con il nonno e i figli, mangiava in cucina da sola o al massimo con i nipoti più piccoli.

Io e i miei fratelli ci ritrovammo fin da subito in mezzo a litigi sia dei nonni materni sia di quelli paterni, non tanto nei confronti di noi nipoti, ma insomma tra loro c'erano sempre dei conflitti.

Da parte di papà era un continuo insultare e svalutare mamma e noi. Già violento di per sé, veniva anche aizzato dai fratelli, e quando si infuriava nessuno di loro interveniva per fermarlo.

Un giorno mio fratello Roberto, di due anni più grande di me – all'epoca ne avrà avuti cinque o sei –, mentre giocava dai nonni perse una chiave della batteria di mio padre, che serviva per regolare la tensione della pelle dei tamburi. Per la rabbia, lui prese la frusta dei cavalli e la usò su mio fratello: nessuno intervenne.

A casa le liti erano frequentissime e i pretesti infiniti, spesso futili. Mio papà non usava solo le mani, ma anche le sedie, ci puntava coltelli, usava la canna dell'acqua, manici di scopa, la cintura; quando ero già grandicella mi ha ficcato una forchetta sulla schiena. Una volta ha legato due dei miei fratelli a un palo in giardino per ore.

Dai due ai nove anni ho sofferto di una patologia grave, una forma di leucemia: è assurdo che io debba essere grata alla malattia per avermi momentaneamente salvata dalle botte di papà.

I miei fratelli, invece, nel frattempo collezionavano nasi rotti, timpani perforati, traumi cranici e tantissimi altri «infortuni» che forse non ricordiamo nemmeno, perché a casa mia era «normale».

Tutti sapevano: gli zii, la scuola, le persone del paese, persino il parroco, e nessuno ha mai mosso un dito. Anzi, eravamo noi a essere considerati «poco di buono» e «cattive compagnie». Eravamo degli appestati, e la nostra peste si chiamava rabbia.

Durante l'adolescenza sono stata molto vivace; dai quattordici ai diciannove anni scorrazzavo in giro a compiere atti vandalici. Spaccavo tutto, era una forma di protesta, soprattutto verso la gente del paese, perché sapevo che cosa diceva di noi. Mi sentivo una giustiziera della notte.

Con quella moneta ero cresciuta e quella spendevo nel mondo: furia, rabbia, violenza.

Mamma aspettò che compissi diciotto anni per separarsi da mio padre, così che tutti e quattro noi figli potessimo decidere con chi stare. Ormai la situazione si era ribaltata, ed era diventata insostenibile: i miei fratelli, non conoscendo altro che la violenza, mettevano a loro volta le mani addosso a papà. Questo spinse mia madre a prendere finalmente la decisione, prima che ci scappasse il morto. Ce ne andammo di casa e lasciammo papà e uno dei miei fratelli, che non volle venire con noi.

Una volta trasferiti, la situazione non cambiò: ora la violenza era tra i miei fratelli e verso me e mia mamma.

Due di loro avevano problemi di droga e alcol.

Mio fratello Gabriele, il primogenito, finì in ospedale perché il più piccolo, durante un litigio, lo colpì con un coltello.

Mia madre dopo un paio d'anni si ammalò di tumore ai polmoni. Dovette però continuare a lavorare per sostenere la famiglia; i miei fratelli facevano lavori precari, spesso stavano a casa per mesi e pretendevano di essere mantenuti.

Per studiare, pagarmi l'abbonamento dell'autobus, il dentista, la patente e tutto il resto facevo due lavori: dovevo pensare a tutto da sola. Mamma esigeva solo da me che l'aiutassi a casa. Dovevo stirare, fare le pulizie. I miei fratelli erano abituati a essere serviti, tanto che non toglievano nemmeno il piatto sporco da tavola.

Appena ottenuto il diploma di scuola superiore, trovai un lavoro e me ne andai di casa. Poco dopo, a causa di attacchi di panico e una grave forma di depressione, cominciai un percorso di psicoterapia.

Avevo grandi difficoltà economiche, soprattutto i primi anni, tanto che a volte a fine mese non avevo i soldi per fare la spesa. Nonostante questo, in più occasioni mia madre mi chiese di aiutarla con dei prestiti o facendo da prestanome per vari fidi in banca, lasciandomi piena di debiti.

Sono stata per molto tempo iperattiva, non ero in grado di fermarmi, non ci riuscivo. Facevo sport tutti i giorni, mi pesavo più volte al giorno, saltavo i pasti. Ora capisco che la violenza subita e assistita, una volta adulti l'agiamo verso noi stessi.

Fino ai ventun anni le mie relazioni sono state con uomini. Sono uscita con tanti ragazzi, ma vedevo che da parte mia non scattava il desiderio fisico, c'era sempre qualcosa che mancava, tant'è che alla fine non ho mai avuto un rapporto sessuale completo con un ragazzo, non ci riuscivo.

Pensavo di avere qualcosa che non andasse, per molto tempo non ho considerato l'idea di poter essere lesbica, fino a quando, per una serie di fatalità, ho incontrato persone che un po' alla volta mi hanno avvicinata al mondo gay. All'inizio è stato molto difficile e doloroso da accettare: in testa avevo un'immagine di me sposata, con più figli e la famiglia «perfetta», quella che non avevo mai avuto. Forse avevo solo bisogno di riscattarmi.

Ho avuto relazioni poco equilibrate; sono stata con una ragazza che per due anni mi ha tradita, e sono rimasta con lei pur sapendolo. In fondo, pensavo di meritarmelo, e poi avevo il terrore di stare sola. Con un'altra donna siamo arrivate a metterci le mani addosso (lei faceva molto uso di cannabis): ancora adesso mi spaventa quel che è successo, come se dentro di me fosse sempre viva la paura di non discostarmi dalla mia famiglia, di essere come loro. Ho dentro quel gene, lo vedo, lo riconosco.

Nei rapporti mi comportavo come una persona che non mangia da mesi, con una fame indescrivibile, e pur di placare quel bisogno d'affetto raccoglievo le briciole dal tavolo. La tendenza era quella di scomparire: non esistevo più, mi fondevo con l'altra persona, non avevo la cognizione di cosa desiderassi, di dove volessi stare. Facevo tutto quello che voleva l'altra, mi plasmavo sui suoi ordini e desideri, purché mi tenesse con sé.

Non ero in grado di godermi le uscite con gli amici, o il tempo trascorso da sola: se non ero insieme alla mia compagna ero irrequieta, non sapevo stare nel presente, mi sentivo preoccupata, come se fossi stata abbandonata. Dipendevo emotivamente dalla mia fidanzata e mi sembrava sempre che non le importasse nulla di me. Non sapevo prendermi cura di me stessa, non mi preparavo nemmeno da mangiare, avevo dentro una voragine che continuavo a riempire con cose da fare.

Nel lavoro ho tuttora due facciate: da un lato sono molto sicura, ma quando ho davanti persone un po' dispotiche mi faccio trattare male e nella mia testa scatta la convinzione di essere io a sbagliare, di non essere all'altezza; mi svaluto e mi metto sempre in discussione.

Dopo che me ne andai, mia mamma cambiò diverse città e

lavori, e per due anni visse nel Sud della Francia, doveva aveva aperto un ristorante con uno dei miei fratelli.

Più avanti si trasferì nel suo paese di origine, poi in un altro, cambiando almeno altre tre case. Era una vita delirante, la sua. Insomma, scappava: da sé, dalla sua responsabilità, dalla sua inadeguatezza e dai suoi fallimenti. Ora lo vedo, allora sentivo solo rabbia. Se ne andava per stare da sola e poi, a uno a uno, faceva ritornare tutti i figli sotto lo stesso tetto, e di nuovo iniziavano le dinamiche di violenza. Ma lei doveva servirli e riverirli, mantenerli economicamente, come se non potesse farne a meno. Cercava forse di riparare i danni fatti, invece finiva per peggiorare la situazione.

Due anni fa, poco prima del Covid, un giorno mi arrivò una foto da mio fratello in cui mia mamma era stesa a terra davanti a casa. Io ero al lavoro a chilometri di distanza, non potevo fare altro che dirgli di chiamare un'ambulanza. La diagnosi fu di ictus, ma non abbiamo mai capito cosa sia successo quel giorno. Erano mesi che mio fratello la prendeva a botte e io ho sempre pensato che lui avesse una qualche responsabilità, forse avevano litigato. Fatto sta che mio fratello fu allontanato da casa dagli altri.

Da quel momento, mia madre non sarebbe mai più stata quella di prima; tornò a casa su una sedia a rotelle, con grosse difficoltà comunicative, non era più autosufficiente. Per quasi un anno tentai di convincere i miei fratelli che era il caso di metterla in una struttura, ma a loro faceva troppo comodo la sua pensione, e poi avrebbero dovuto sborsare qualcosa per la casa di cura.

Un anno fa, una sera, ricevetti una telefonata dai carabinieri che mi dicevano di aver trovato mia mamma sulla sedia a rotelle per strada. Fu grazie a quell'episodio che, finalmente, intervennero i servizi sociali. Ora è in una struttura, la vedo poco perché le visite bisogna programmarle per tempo, e io abito a una cinquantina di chilometri di distanza, ma so che è accudita e sta bene.

Quando il mio fratello minore fu cacciato di casa in seguito all'ictus di mamma andò a vivere con mio padre, e anche in questo caso la violenza continuò: papà, che aveva già settantaquattro anni, finì in ospedale a causa delle botte ricevute, e io fui di nuovo chiamata dai carabinieri. Non testimoniai per quell'episodio in particolare, dato che non ero presente, ma lo feci per tutti gli anni di violenza, avvertendo le forze dell'ordine che prima o poi con mio fratello sarebbe potuto succedere l'irreparabile.

Con papà persi i contatti quando andai via di casa con mia madre e non ho voluto vederlo per oltre quindici anni; un anno e mezzo fa, a seguito di un altro percorso di terapia, a piccole dosi, ripresi un po' il rapporto. Oggi lo incontro qualche volta, quando me la sento.

Grazie al mio ultimo percorso e alla mia psicologa ho capito che l'aggressività è una forma di forza cieca e analfabeta. E che la violenza nasconde un dolore atroce. Ho imparato che l'abusato si lega in modo indissolubile al proprio carnefice: prima lo interiorizza e poi va a cercarlo specchiato nel mondo, nelle relazioni, sul lavoro. Ho compreso anche che gli abusi fisici e psicologici possono portare chi li subisce a diventare violento con se stesso e a lasciare che anche gli altri lo siano.

Non so dire di preciso il mandato della mia famiglia, a me sembra abbia a che fare con le donne e con il sacrificio.

Ora dei miei genitori non vedo solo la follia o il brutto, ma riesco a scorgere anche alcune delle mie qualità, come la forza. Oggi comincio a piacermi così come sono, e di come sono fa parte anche tutto quello che ho vissuto; allora ho deciso che della mia famiglia tengo la forza e lascio quello che non è mio e che non voglio più: la violenza.

10
Un debito d'amore

> *«'Conosco la differenza*
> *tra le persone che sanno aprire il loro cuore*
> *e quelle che non sanno farlo.' [...]*
> *'E se uno lo apre cosa accade?'*
> *'Si guarisce.'»*
>
> HARUKI MURAKAMI

Il taglio emotivo

Come abbiamo visto, diventare individui costa. E il prezzo è ancora maggiore se c'è un attaccamento intenso e totalizzante, anche conflittuale, alla famiglia. La persona in evoluzione dovrà fare vari tentativi di sganciarsi dal gruppo per raggiungere una propria autonomia, mantenendo tuttavia un saldo e sano legame di appartenenza, che è necessario e prezioso. Questa danza, a cui abbiamo spesso fatto riferimento in queste pagine, implica una doppia competenza: staccarsi ma restare al contempo connessi, conservando un contatto affettivo con la vita emotiva della famiglia.

Talvolta gli adolescenti falliscono nel compito di individuarsi in maniera graduale e ottimale, e praticano un distacco radicale, separandosi in modo brusco, andandosene da casa, tagliando i ponti. Più il legame di appartenenza è forte e percepito come imbrigliante ed embricato, più un figlio può sentire la necessità di recidere il cordone con un taglio netto. Chi agisce questa cesura lo fa in modo drastico, repentino, e la risultante può sembrare addirittura violenta.

Il «taglio emotivo» è stato descritto da Murray Bowen alla fine degli anni Settanta. Nei suoi studi, lo psichiatra riportava l'importanza di una riconciliazione con la famiglia di origine, anche su un piano fisico, suggerendo ai propri studenti e pazienti di suonare il campanello di casa con la valigia in mano, come un figlio «ramingo» che torna al nido in segno di riappacificazione.

Con ciò non si intende un ritorno per restare: la metafora di Bowen indica un movimento di riconoscimento di ciò che da figli ci siamo portati via di casa e non era nostro, come un dolore diventato fardello improprio che ora restituiamo forti di una consapevolezza, riconoscendo anche tutto ciò che di buono e bello c'è.

Questa metafora è stata ripresa anche da un altro terapeuta, Alfredo Canevaro, che usa invece lo zaino come simbolo in cui mettere ciò che viene donato dai genitori, ma anche ciò che si lascia di sé alla famiglia. Per esempio, un padre potrà dire al figlio: «Ti do il mio coraggio, che mi ha sempre aiutato ad andare avanti nella vita», mentre il figlio potrà dire al padre: «Ti lascio un po' di me prima di andare nel mondo, ti dono la mia creatività che tanto mi appartiene come talento».

È un esercizio per riconoscere ciò che è di chi, per alleggerirsi e onorare, come dirà in seguito poi anche Bert Hellinger.

Purtroppo esistono storie assai dolorose, dove la soluzione emotiva sembra essere soltanto il distacco drastico, a scopo protettivo. Sarebbe bello poter trovare sempre un *happy ending* alle atroci vicende che non di rado colpiscono le famiglie.

I conflitti esistono, lievi, gravi o gravissimi; tuttavia, ipotizzare che vi possa essere un ritorno sereno, anche simbolico, verso chi ci ha dato la vita è utile e necessario per chi compie il gesto.

Il film *Tre piani* di Nanni Moretti, tratto da un romanzo di Eshkol Nevo, narra i compiti di sviluppo che tre famiglie che abitano in uno stesso condominio affrontano nell'arco di qualche anno. Non è stato molto apprezzato dalla critica, che ha sottolineato una narrazione patriarcale, centrata su un *male gaze*, e la presenza di diversi stereotipi. Non entro nel merito perché esulerebbe dai nostri scopi, mi interessa invece riportare l'esempio di un taglio emotivo che viene raccontato.

Andrea, uno dei personaggi, è un ventenne figlio di due giudici. Una sera, guidando in stato di ebbrezza, investe e uccide una donna; i genitori concordano che deve prendersi le sue responsabilità. Andrea viene condannato, e non perdona i genitori per la scelta di non difenderlo, li accusa di essersi sempre sostituiti a lui e di aver deciso tutto al posto suo, imponendogli le loro idee. Una volta uscito dal carcere, il ragazzo fa perdere le proprie tracce, attuando un taglio emotivo brutale e irreversibile con la famiglia. Sparisce, diventa padre, e quando la madre lo ritrova dopo anni per un caso fortuito, la sua rabbia è ancora intatta: Andrea avrebbe voluto che almeno lei scegliesse di stare dalla sua parte e resta rancoroso, condannando se stesso a un odio eterno. Nemmeno quando muore il padre può permettersi di diventare adulto e accogliere l'umanità dei genitori, senza capire che, rimanendo rabbioso, sarà come un perenne adolescente che si ribella a vuoto. Perché spegnere la luce su un genitore equivale a farlo diventare immenso dentro la nostra psiche, come abbiamo visto a proposito delle esclusioni.

Il taglio emotivo è in realtà un grido d'amore rovesciato: un amore nascosto, negato. Il rapporto genitoriale è talmente invischiato che per individuarsi è necessario «uccidere» un genitore, o entrambi, nell'illusione di separarsi e liberarsi di loro. Tuttavia, è quasi impossibile disfarsene davvero: per quanto lontano si vada, il nodo irrisolto si potrà sciogliere non con la rabbia, l'odio o il furore, bensì riconoscendo l'imperfezione e l'umanità di quel genitore che è, prima di tutto, una persona.

Significa «perdonare»?

No, come ho spesso ribadito nei miei scritti, questo è un termine inappropriato in psicologia. Il perdonare crea un debito col perdonato, rischiando di mettere il perdonante su un piano di superiorità. In questo modo la catena emotiva non si interrompe. Bisogna invece prendere atto che le cose sono andate così, sentirne tutto il dolore e poi andare oltre, decidendo cosa fare con quel dolore. Ma se si resta arrabbiati ed emotivamente distanti, paradossalmente quel sentimento diventerà una colla difficile da staccare.

Sono fermamente convinta che lo scopo primario del percorso terapeutico sia il far pace dentro di sé con quanto accaduto nella propria storia. Tutto ciò che in terapia non porta a questo, a mio avviso, manca il suo fine ultimo.

Indebitamenti affettivi

Ogni famiglia è una fucina di contrattazioni e prescrizioni di repertori comportamentali che diventano copioni assegnati, patti palesi o impliciti. Insomma le alleanze, i movimenti affettivi, sono in costante azione.

Quando parliamo della vita emotiva familiare non possiamo non prendere in considerazione anche i concetti di dono, debito e scambio. In famiglia, quando va tutto bene, si riceve, si dona e si ricambia, con passaggi che avvengono in maniera inconscia e spontanea. Talvolta, tuttavia, possono trasformarsi in veri e propri ricatti affettivi, e qualcuno resta talmente debitore da non riuscire ad allontanarsi da casa, come abbiamo visto nella storia di Duilio.

Dai miei studi, oltre che dall'esperienza personale e indiretta, ho compreso che nelle famiglie esiste un ordine non solo di ruoli – come abbiamo visto parlando di posture – ma anche funzionale e strutturale, che va rispettato se non si vuole cadere nel caos e nell'infelicità.

La gerarchia familiare è più onorata in alcune culture che in altre. Chi ha più esperienza merita rispetto, perché ha un compito conservativo del sistema; certamente anche chi viene dopo lo merita, ma ha una funzione innovativa. Se ognuno fa la propria parte, un ordine viene seguito. Per questo in Oriente il culto degli antenati è praticato e diffuso. Nella cultura occidentale, invece, verso gli anziani più che rispetto sembriamo provare dipendenza, nel senso che non riusciamo a staccarcene in maniera sana, come nel caso di Letizia, o fastidio come per Sara. Ci sono nuclei familiari dove la devozione diventa un ostacolo che non autorizza i più giovani ad andare a esplorare il mondo, e altri in cui chi viene dopo crede di sapere già tutto, assumendo così un atteggiamento sprezzante e poco producente.

Pensare che nella famiglia esista una gerarchia significa avere una concezione antiquata?

Dal mio punto di vista è provare ad analizzare la realtà. Avere considerazione per chi è venuto prima e per quello che ha realizzato nel sistema significa saper fare i conti con le proprie radici. Semplificando, quando siamo in procinto di «cucinare» la vita che vogliamo, andiamo a guardare bene nella nostra dispensa, nel nostro sistema di appartenenza, e valutiamo quali sono gli ingredienti utili e quelli «nocivi». Teniamo presente tutto, includiamo, invece di escludere.

Facciamo l'esempio di Oscar, che vuole aprire una start up in un Paese straniero. Tenere presente quanto già fatto dal proprio sistema, il background familiare, fare tesoro delle esperienze e dei fallimenti di chi lo ha preceduto, per lui farà una grande differenza emotiva.

Ciò non vuol dire ripetere per forza le sorti di chi è venuto prima, ma tenere in mente. Perché non mettere nello zaino il bagaglio esperienziale della famiglia per poi aggiungerci la propria visione? È in questa congiunzione che sta l'intelligenza del sistema. Conservare, non scartare; aggiungere, non rifiutare. È così che si raccolgono i doni, e anche i cocci e i frantumi, per creare una nuova narrazione.

Qualunque sia la nostra storia, è possibile fare un bilancio delle ferite e trasformarle in risorse, e così continuare a costruire, setacciando ciò che è stato utile e tralasciando le parti che hanno potuto nuocere. Correggendo il tiro, portando avanti, guardando di fronte a sé, ma sempre con alle spalle ciò che è accaduto prima. Partendo da una base del disegno e aggiungendo il proprio contributo al frattale.

E se nessuno ha mai fatto prima *quella* cosa?

Qui allora, come nel caso di Noa, si tratterà di creare un nuovo *pattern*, inventare un frattale da zero, pagando il prezzo di un pioniere che ha «tradito» il sistema.

In ogni modo, a mio avviso è saggio restare in ascolto, umili e rispettosi, del proprio albero, anche se ci sono stati soprusi e malefatte. Attenzione: non si tratta di rispettare chi non ha avuto rispetto per gli altri, intendiamoci; la mia esortazione riguarda il rispettare la storia, le lezioni tramandate, i doni, se riusciamo a scovarli anche in mezzo ai detriti.

L'arroganza, la supponenza, la tracotanza (la *hybris*, insomma), portano a sentirsi superiori a quelli che c'erano già prima, e ormai sappiamo cosa ne consegue. Proprio così: che si diventa come chi si giudica, e questo rischia di irretirci, impedendoci di fluire nella vita. Il suggerimento è di salvaguardare le scoperte e le esperienze, metterle in saccoccia e poi, solo poi, osare.

Chi viene prima di solito lascia doni, indicazioni e storie da tramandare, da cui si crea il mito familiare. Talvolta, però, lascia anche guai da riparare. Pure con questo bisognerà fare i conti e trarne, se possibile, insegnamenti.

Nella famiglia esistono dunque linee verticali, tra chi precede e chi sussegue, e linee orizzontali. Se pensiamo a un sistema ordinato e funzionante, dove cioè ognuno ricopre il proprio ruolo, chi viene prima dona di più, mentre chi viene dopo di solito riceve e ricambia, ma soprattutto lascerà a sua volta il proprio contributo alle generazioni future.

Tra linee orizzontali vige di più lo scambio.

È prassi (non un obbligo!) che anche i figli, una volta adulti, restituiscano prendendosi cura degli anziani. La ruota dell'esistenza a un certo punto si inverte, e chi una volta era «grande» torna a necessitare di cure come un bambino. Ricordiamo anche qui di rispettare sempre un ordine: un genitore va accudito restando figli, non diventandone genitori. A nessuna età. Anche se immobilizzato in un letto o non più presente mentalmente, quello è un genitore. Se nella nostra psiche lo trasformiamo in figlio, sovvertiamo l'ordine. Curiamo i nostri genitori, se sentiamo di volerlo fare; se abbiamo ricevuto, ripaghiamo il «debito» con riconoscenza, non per obbligo, ma per consapevolezza, per ricambiare ciò che ci è stato dato. In quanto figli, saremo per sempre debitori di una vita ricevuta in dono e che sta a noi onorare.

Vedo già alcuni protestare e insorgere: «Mio padre era crudele! Io non lo curo».

È comprensibile. Nessuno deve diventare infermiere. Mi auguro comunque che ci siano sufficienti riserve di umanità nel cuore di ciascuna persona e che si possa decidere con serenità. Le cose sono più semplici se un genitore ha avuto la possibilità di riservarsi un piccolo capitale per la vecchiaia: in questo caso rischierà molto meno di dipendere dai figli. Ma non per tutti è così. In ogni caso, mettere i genitori in condizioni di non perdere mai la dignità farà bene a loro, ma soprattutto a noi.

Nelle situazioni in cui i conflitti sono rimasti accesi e irrisolti, ognuno deve agire secondo la propria coscienza. Anche qui, come per i segreti, non ho ricette né giudizi da offrire.

Però so cosa pacifica il cuore. Conosco i rimorsi di un figlio distratto, arrivato tardi a quel capezzale, a quel capolinea per far pace.

Mi sento di rincuorare i ritardatari.

I genitori non muoiono mai dentro di noi, e ci sarà tempo per parlare con loro anche dal di dentro. Ma potendo, avendoli ancora, vorrei darti un piccolo suggerimento: torna metaforicamente a casa, suona il campanello, siediti e chiediti chi c'era prima. Raccogli le storie, abbracciale (se riesci a farlo), tieni in mano le mani che ti hanno generato, curato, cresciuto, sfamato.

Bastano anche solo un piccolo inchino simbolico e un «grazie», praticabili non solo verso i genitori, ma in ogni situazione conflittuale. Ricordiamolo. Ricordiamolo e basta.

Ordini e disordini

Rispettare l'ordine familiare, come abbiamo visto, non è semplice.

Esiste una forma idealizzata e idilliaca di famiglia: la vediamo soprattutto negli spot pubblicitari, che mostrano continuamente famiglie perfette, dipingendo però qualcosa di ben lontano dalla realtà.

Oltre che felice e amorosa, lo stereotipo prevede la famiglia come un'unità indissolubile, assoluta e imprescindibile, soprattutto se si hanno figli. Se, a livello psicologico, con il passare del tempo le famiglie non scompaiono, bensì si trasformano

– talvolta in maniera molto sanguinante –, sul piano pratico a cambiare è la logistica e il modo in cui si trascorre tempo insieme. Si modificano le pratiche del vedersi, gli incontri vengono normati, mentre quando si vive insieme magari ci si incontra molto meno, potendosi frequentare sempre. Potremmo dire che la famiglia interna resta inalterata: abbiamo dentro di noi la presenza costante dei genitori, anche se ne abbiamo interiorizzato l'assenza.

Pare inoltre che la distinzione tra genitorialità e coniugalità non sia ben chiara nei contesti sociali e educativi, si confonde cioè la coppia di coniugi con la coppia di genitori, mentre si tratta di due ruoli ben distinti.

Ho alle spalle decine e decine di colloqui con persone dilaniate dai sensi di colpa al solo pensiero di sciogliere il vincolo matrimoniale per paura di nuocere alla prole.

Se mettiamo al mondo figli, saremo genitori per sempre, mentre se ci sposiamo possiamo divorziare, trovare un altro partner o proseguire da soli. Questa distinzione va esplicitata prima di tutto con se stessi.

Viviamo sotto un incantesimo, nell'illusione di un «per sempre» coniugale che non esiste. Di fatto le coppie si separano. Non è una constatazione piacevole, ma non possiamo vendere favole e ritrovarci in un film dell'orrore, come sovente succede.

Decidere di procreare, di far nascere qualcuno dall'incontro con l'altro, è una cosa bellissima e naturale, ma va fatta con entrambi i piedi per terra nel presente e uno sguardo in avanti nel momento in cui quei bambini diventeranno grandi, per pensarsi coppia anche dopo la loro uscita di casa.

Ci sono relazioni che funzionano benissimo fino all'arrivo di un figlio, che se da un lato diventa moltiplicatore di vita, dall'altro aumenta anche la possibilità di inciampi a mano a mano che cresce. Alcuni genitori non reggono lo snodo del numero due che diventa tre o quattro: di colpo il due generativo si disgiunge in uno e uno, e la coppia si scioglie. Talvolta un figlio mette di fronte al fatto che un noi non c'è forse mai stato, o era un'illusione. Altri fanno subito spazio ai figli che arrivano, ma non superano il passaggio successivo, quando cioè vanno via di casa.

Quando arriva poi la fase trasformativa del sistema, spesso oppositiva, distruttiva e necessaria dell'adolescenza dei figli, impegnati nei loro propri snodi verso l'adultità, la tempesta può irrompere nella coppia. Facendola annegare nel disaccordo su come traghettare i figli in questo rito di passaggio.

Insomma, potremmo definire la coppia un caleidoscopio infinito di sfumature, mai ferma, mai una garanzia di eternità. Invece ci si crede ciecamente, rendendosi conto tardi che più si investe nella trappola del «per sempre», più sarà un guaio quando e se si trasformerà in «mai più».

A mio avviso, andrebbe insegnato fin da piccoli che stare insieme non è obbligatorio se non si è felici, che marito e moglie, o chi sta semplicemente insieme, è tenuto a farlo con responsabilità, con scelta e presenza. Tuttavia, è possibile separarsi, in quanto la coppia è una possibilità, come lo è stare senza un partner. La genitorialità non si scioglie con la coppia: i genitori resteranno tali nonostante scelgano di interrompere il rapporto coniugale. Ai figli va spiegato che chi si separa non è un mostro, che può accadere a tutti. C'era un progetto, un impegno, poi le cose a volte cambiano.

In questo cambiamento ciò che rassicura è garantire al figlio la continuità genitoriale. E in questo noi adulti spesso manchiamo, non solo da separati, ma anche se si resta insieme. Riflettiamoci.

La narrazione della possibile separazione coniugale non va usata come minaccia: «Se non fai il bravo, mamma e papà si separano come i genitori di Mariolino», va invece utilizzata per spiegare la realtà. Il dolore nasce dal ricevere una versione idealizzata di famiglia e dal veder fallire quel modello in casa, dove le cose possono andare a rotoli.

Credo sia sano raccontare ai figli che esistono le malattie, che le persone anziane possono venire a mancare, che talvolta anche i piccini si ammalano, che le cose si rompono ed è necessario averne cura. Insomma, la vita va raccontata per come è, non spruzzata di rosa.

Ciò significa incoraggiare la leggerezza? Tutt'altro. Significa praticare consapevolezza fin da piccoli.

Precisiamo: separarsi è doloroso. Lo è anche, però, unirsi senza criterio.

Uno dei problemi che riscontro ascoltando i miei pazienti è la fretta con cui oggi si fanno le scelte sotto una pressione sociale, un imperativo che ci vede allungati in avanti per arrivare primi, di non si sa bene chi o cosa.

Naturalmente, può capitare di cambiare idea e di sbagliare anche se si va piano. Ma forse, se ci si ferma a riflettere prima di agire, succede un pochino meno? Ancora una volta Kronos e Kairos sembrano bisticciare: fra tempo cronologico e tempo interno esiste di frequente un'asincronia.

C'è una spinta all'accelerazione per mettersi insieme, ci si lancia in avventure titaniche senza paracadute, si prende il treno ad alta velocità del procreare, e poi si prende la coincidenza del Frecciarossa della separazione e, senza aspettare, si sale al volo sul vagone del secondo matrimonio. E si mette al mondo un altro bambino.

Questa urgenza che avvertiamo può farci ritrovare pieni di cocci da sistemare, figli a cui spiegare, patrimoni da dividere, nuovi compagni, altri figli. Insomma, diciamo che alcune persone, quando si tratta di famiglia, sembrano schegge impazzite. I figli talvolta sono sottoposti a un carosello di nuovi partner dei genitori, confusi da figure che si susseguono in un turnover parossistico.

Invito a tenere ben presente il rimbalzo emotivo che questa fretta di unirsi, disunirsi e riunirsi può provocare nel mondo interiore dei figli. Inoltre, vorrei ricordare che genitori con un'immaturità emotiva rischiano di chiedere ai figli il permesso di divorziare, una cosa da non fare mai. Sottolineo: mai. E giunti a questo punto del nostro viaggio ritengo non sia necessario nemmeno spiegare perché.

Detto questo, quando si tratta di amore spesso tutti noi inciampiamo: partiamo con tutte le buone intenzioni, poi l'amore s'infratta, diventa talvolta storto e si traduce in un gran caos.

11
Una specie di amore

«Io non so parlar d'amore
l'emozione non ha voce.»

ADRIANO CELENTANO

LO abbiamo detto: l'amore, in tutte le sue accezioni, anche le più distruttive, è ciò che lega le famiglie, nelle cui pieghe si nascondono varie sfumature affettive. Tralasciando i sentimenti rosei, edulcorati e idealizzati che troviamo in varia letteratura sulla famiglia, il punto di vista che voglio assumere qui è un onesto racconto di come possono andare a volte le cose, come in effetti abbiamo già constatato nelle storie precedenti. Esiste un'immagine ideale della famiglia, ricca di affetto e di collaborazione, luogo sicuro a cui tornare sempre. Poi c'è la realtà, che può essere molto diversa, e se non la accettiamo ci sentiremo difettosi e falliti.

C'è una certezza che può rassicurarci: il punto di partenza è sempre pieno di buoni propositi, ci proviamo con slancio, ci crediamo davvero. Il problema è che, cammin facendo, le cose si complicano. E nei confronti della famiglia è facile che ci sentiremo o a credito o in debito, mai in pari.

Le famiglie sono rappresentazioni dell'umanità, e nel nostro essere umani c'è dentro di tutto, ma proprio tutto. Certo, alcune versioni familiari rappresentano alti valori umanitari, ma dobbiamo tener presente che non esiste un'unica forma di affetto. Ogni sentimento ha il suo contrario; accanto al rispetto potremo trovare anche ombre e improvvise oscurità. E tutto ciò, se lo guardiamo da una prospettiva più ampia, è umano.

Seguendo questo ragionamento, possiamo pensare ai sentimenti che ci legano ai familiari sempre come forme di amore: l'odio, per esempio, è un sentimento fortissimo, come abbiamo visto a proposito di Mercoledì e Morticia. La rabbia è una colla, ogni sentimento lo è.

Solo quando non si sente nulla non ci si lega.

La famiglia muove emozioni forti, non c'è dubbio. Non fidiamoci di chi dice: «Non parlo con mia madre da due anni». Con quella madre il dialogo è molto vivido nella sua negazione.

Altra trappola in cui cadiamo è quella di credere che se l'amore non arriva come vogliamo noi da una persona in particolare, genitore o partner, allora non c'è amore. Adottiamo un codice univoco, idealizziamo una modalità in cui secondo noi l'amore dev'essere, e se passa sotto mentite spoglie non lo riconosciamo, senza accorgerci che ci sono miriadi di forme amorevoli attorno a noi.

Ci focalizziamo sull'idea che quel genitore non ci ha amato, magari perché aveva un linguaggio che non gli permetteva di comunicarlo a parole, con i gesti o con i fatti. Ma non è detto che, seppur nascosto, non provasse amore. E lo stesso vale per un partner. Tuttavia, se proprio non riusciamo a connetterci con l'amore di *quella* persona, proviamo a non fissarci, ad alzare lo sguardo per guardarci attorno e nutrirci dell'amore che già c'è in giro.

Perché ti assicuro che c'è.

Teniamo sempre presente che molto facilmente ricreeremo e ricercheremo le forme di amore che abbiamo ricevuto o ricevuto male. In superficie, diremo che stiamo cercando un amore «vero», ma di fatto finiremo nello stesso humus in cui siamo cresciuti. Dando quello che abbiamo visto dare (o non dare), e ricevendo altrettanto. Fino a quando non impareremo un altro alfabeto, per noi l'amore sarà quella cosa lì. Anche quando fa male.

#Quadro n. 6

Vincenzo e il mare

Io e mia mamma siamo tornate per sempre in Italia quando lei, a un certo punto, si stancò di aspettare mio padre, e capì che la storia era sfumata. Non ha più avuto una relazione per oltre vent'anni. Altro fattore che ha portato mia madre a rimpatriare è stata la morte di mia nonna. Mia madre non aveva fatto in tempo a tornare per salutarla, restando affogata nel senso di colpa. Così, da sola, prese la decisione di tornare. Io, in pratica, ero stata ed ero la figlia di una ragazza madre, tranne per quei rari momenti vissuti con mio padre.

Quando abbiamo lasciato il Brasile avevo quasi dodici anni.

E la nostra vita entrò dentro a un baule.

*Il viaggio di ritorno lo abbiamo fatto in nave, con l'*Augustus*, me lo ricordo ancora.*

Dire che mi sentivo spaesata è riduttivo.

Ero quasi adolescente, alta poco meno di adesso, e cambiai continente, salutando la casa in cui ero cresciuta. E lasciando là anche la mia infanzia, che, seppur strappata, era pur sempre un'infanzia.

La vita che facevamo in Brasile era routinaria. Negli anni le cose erano andate bene e mia madre aveva smesso di lavorare: gestiva il suo negozio di parrucchiera, aveva una poltrona che ai miei occhi sembrava un trono e tutti la chiamavano Dona Mery. A quei tempi gli italiani emigravano in Sud America per cercare lavoro; abituati alla dura vita del dopoguerra, si ingegnavano come api laboriose e in poco tempo riuscivano a costruirsi una vita decorosa e agiata rispetto a quella che avrebbero condotto in patria. Non si parla di lusso, abitavamo in un bilocale, ma a mia mamma sembrava una reggia. Riusciva a pagarsi da sola l'affitto di casa e del salone, in più mandava dei soldi a mia zia perché li mettesse in banca per quando saremmo tornate.

Prima che io diventassi troppo grande, mi sposassi e mi stabilissi lì per sempre, mia madre mi portò via da un Paese in cui mi piaceva vivere. C'era tanta allegria nonostante la povertà, e anche un miscuglio variopinto di genti e religioni che trovavo interessanti, oltre a un clima bellissimo. Insomma, io sarei rimasta là, ma lei no. Così salimmo su quella nave, che impiegò tredici giorni per arrivare a Genova.

Qualche anno fa sono andata in crociera con la mia attuale famiglia, e devo dire che per certi aspetti l'atmosfera mi ha ricordato quel viaggio di ritorno in Italia. Sale da ballo, piscine, ristoranti: insomma, per me all'epoca è stata una botta di vita, abituata a stare a casa o in salone.

Credo che quel viaggio in nave abbia confermato del tutto la fine della mia infanzia, e mi abbia catapultata di colpo nel mondo adulto. Da qualche parte, anche un pezzo di quella bambina partita dal Brasile dev'essere riuscita a salire su quella nave. Ma da fuori non si vedeva.

Non era una nave da crociera vera e propria, era un transatlantico di linea, ma si faceva la stessa vita sociale, e c'erano diversi adolescenti. Io ero già bella alta, ma avevo la testa di una bambina, oltretutto senza alcuna esperienza significativa tra pari. Mia madre era il mio mondo, e sulla nave mi prendevano in giro perché la cercavo sempre. «La mamma», mi facevano il verso e ridevano.

Ma era niente a confronto di quello che mi sarebbe successo una volta in Italia, a scuola, agli atti che ho subito da miei coetanei che non avevano mai visto una ragazzina straniera in vita loro. Mi dicevano che ero stupida, spingendomi in un angolo e talvolta picchiandomi. Adesso si chiama bullismo, a me sembravano ignoranza, ottusità e crudeltà. Vivo ancora nello stesso paesino, che è molto bello, ed è il luogo dove è nata mia madre. Per fortuna sono poi arrivati altri stranieri, le culture si sono ibridate e la mentalità si è aperta.

Casa mia è una bolla di pace, e sebbene ami viaggiare, non vorrei vivere in nessun altro posto al mondo.

Tornando alla nave, fu come un sogno.

Mia mamma aveva fatto cucire da una sarta abiti nuovi per me e per lei, da indossare di sera sulla nave. E io mi stimavo moltissimo. Assomigliavo a Olivia, la moglie di Braccio di Ferro: alta alta, magra magra, con la bocca grande e gli occhi a palla. E tristi. Però, con quei vestiti nuovi mi sentivo grande e alla sera potevo andare a ballare con gli altri ragazzini e ragazzine. Non sapevo gestire tutta questa autonomia piovuta di botto e mi sentivo come Alice nel paese delle meraviglie: un po' rimpicciolita dall'immensità della nave, un po' ingrandita dall'improvvisa libertà.

Tanto che mi notò un ragazzo, Vincenzo. Era il gallo della nave, aveva pochi anni ma già tantissima vita: sedicenne, lavorava in Argentina come muratore, abitava in provincia di Salerno e stava tornando in Italia per andare a trovare la famiglia. Allora si poteva scorrazzare per il mondo indisturbati.

La nave faceva diversi scali – Nord del Brasile, Portogallo, Spagna – e Vincenzo si fidanzava a turno con tutte le ragazze a bordo, fino a quando non scendevano, poi via a flirtare con un'altra. Fu il primo Narcistella che incontrai sulla mia strada. Era simpatico, con i capelli come Ringo Starr, però più bello, un seduttore seriale. In pochi giorni baciò la maggior parte delle ragazze: le portava tutte a prua.

Finché rimasi io, che scendevo a Genova. Mi baciò una sera sotto le stelle, e io mica sapevo come si faceva.

Tempo di un'onda e mi ero perdutamente innamorata.

Sì, lo so che fa tanto Titanic, *ma le cose sono andate proprio così, solo che nessuno affogò e la nave arrivò integra a destinazione.*

Il mio turno come ragazza di Vincenzo durò credo due giorni, poi dovetti scendere anch'io, mentre la nave proseguiva per il Sud Italia. Ricordo lo strazio e lo strappo di quell'addio, la sensazione struggente di mancanza. Identica a quella che provavo quando papà veniva a trovarci e poi se ne andava, lasciandomi straziata a chiedere: «Quando torna?»

Solo dopo essere diventata psicologa sono riuscita a riconoscere in quell'acuta sofferenza l'attaccamento immediato che scatta per un dipendente affettivo nelle relazioni, e il dolore atroce in presenza di quella che viene definita «riacutizzazione del trauma».

Una volta salutato Vincenzo, piansi per tre ore in macchina, sul sedile posteriore, in pratica tutto il tragitto fino ad arrivare al paese da cui non sarei più andata via, se non per alcuni periodi. Piangevo, senza che nessuno mi vedesse e si accorgesse di me.

Vincenzo mi scrisse tante cartoline, per qualche anno. Chissà se si ricorda ancora di me, della nave e di tutte quelle fidanzate col timer.

Magari ci ritroveremo a ottant'anni a C'è posta per te, *e io sicuramente aprirò la busta, con gratitudine per quel primo bacio così romantico e lacerante insieme.*

Dopo molti anni, analizzando quel primo «amore» in terapia, ho compreso che replichiamo la forma originaria di amore che abbiamo provato, nella stessa modalità. Continuiamo a farlo tutta la vita, fino a quando non lo capiamo e riusciamo a cambiare il frattale.

L'amore strappato

Tempo fa, mentre riflettevo sui temi che avrei voluto trattare, ho chiesto alla mia community su Instagram, composta al momento da diverse migliaia di persone, di definire in maniera anonima la forma di amore che caratterizza la loro famiglia di origine. Sono rimasta colpita dal lungo elenco di aggettivi e descrizioni, quasi tutti al negativo.

Di seguito riporto soltanto alcune delle definizioni che mi sono arrivate in meno di ventiquattro ore: forse potrebbero essere le parole di una canzone.

Amore distratto, distante, astioso, avvolgente, spezzato, giudicante, condizionato, invadente, senza frontiere, austero, arrabbiato, soffocante, impalpabile, distruttivo, inespresso, non detto, omertoso, distaccato, confusivo, difficile, controllante, trattenuto, parzializzato, stitico, ambivalente, pulito, allegro, altalenante, comodo, senza empatia, frettoloso, aziendale, intermittente, iperamore, invalidante, a turno, trascurato, insonorizzato, rozzo, grezzo, implosivo, chiuso, invadente, astratto, baratto, invisibile, alterato, competitivo, ricattatorio, tratteggiato, obbligato, dovuto, faticoso, sacrificale, sfumato, dolorante, prevaricatore, esigente, accudente, arido, illusorio, burrascoso, tempestoso, culinario, spiccio, pratico, disfunzionale, sofferto, ansioso, amaro, stagnante, inverso, negato, costoso, denigrante, rabbioso, cooperante, solido, maldestro, malinconico, di spalle, miope, divorante, morbido, sereno, a molla, struggente, ghiacciato, avvolgente, cullante, carezzevole, colonna, salvezza, inceppato, convulso, cucinato, gratuito, incondizionato, muto, nascosto.

Scorrere questa lista desolante da una parte mi ha rattristata, per la maggioranza di note dolenti, dall'altra mi ha dato ancora più motivazione per scrivere di nodi e storture che ci fanno male. Se ci pensiamo, gli aggettivi o le definizioni negative accostati alla parola amore sono ossimori.

Leggere quei messaggi mi ha dato però la conferma che nell'amore risiedono anche le nostre più ricche risorse. Nonostante tutto.

#Pensiamoci

Che tipo di amore cerchi, ricrei, ritrovi?

Che specie di amore c'era nella tua famiglia? Forse c'era un'affettività senza un alfabeto? Mancavano le password per decifrare un amore ermetico? Magari, se ci ripensi, lo riconosci travestito, anche a rovescio?

#Quadro n. 7

Un amore, così

Mentre scrivo mi interrogo. E nella mia famiglia di origine, che forma di amore c'era? Un tempo avrei detto un amore poco, da un lato, a tratti soffocante dall'altro. Un amore estraneo, perché è facile non sentirsi visti dai genitori: è normale, da troppo vicino le immagini si deformano, si sfocano.

L'amore genitoriale viene preteso dai figli, come se fosse dovuto, vero?

Io lo sentivo assente, o ingiusto. Insomma, avevo un catalogo di recriminazioni e mancanze che mi facevano diventare superba, altera e sempre più distante dai miei genitori, soprattutto da mia madre. Perché mio padre distante già lo era, per definizione, per stile di vita, per una sua dannazione.

Mentre facevo il tirocinio formativo per poter esercitare la professione di psicologa, il mio supervisore, ascoltando un mio racconto dell'infanzia, mi ha detto: «Sembri avercela molto con tua madre. E pensare che, tra i due, è lei quella che c'è sempre stata».

Ci sono frasi terapeutiche che non ascolti subito, o meglio, le senti ma non ti restano. Solo dopo tanto tempo ti tornano in mente e ne comprendi il significato profondo.

Ora quello di mia madre lo definirei un amore morbido e stra-

bico, per troppa vicinanza. E un amore a gocce, seppur struggente e da lontano, quello di mio padre.

I miei genitori non avevano strumenti per potersi mettere nei panni di una figlia. Dovevano campare. Il modo in cui potevano amarmi nasceva dalla loro storia, dalla loro cultura, da quello che era capitato prima, da come lo avevano o non lo avevano ricevuto a loro volta da piccoli. Entrambi erano nati in un dopoguerra di fame e stenti, dove non c'era tempo per i figli. Rispetto ai loro genitori hanno fatto una vita diversa, dignitosa, emancipandosi dalla povertà in cui erano cresciuti, portando però con sé tutte le ferite che nascere in quel momento ha significato.

Adesso riconosco che, nonostante tutto, mi hanno dato un amore onesto, sempre.

E di questo li ringrazio, ora.

Ora lo vedo.

Ora.

Di altri mondi, di altro amore?

Anche il modo di amare è relativo alla storia e alla cultura.

Per certi versi, a mio avviso, la cultura può essere vista come un meccanismo di protezione per la propria etnia. Mi spiego.

Consideriamo la cultura come l'insieme di credenze, usanze, abitudini, pratiche sociali che caratterizzano un popolo e ne determinano una struttura identitaria e di appartenenza. E, se ci pensiamo, vale lo stesso per la famiglia. La cultura diventa anche meccanismo di difesa del proprio sistema di riferimento: «Si fa così, si dice così».

Si ama così.

Per consolidare gli aspetti che garantiscano l'omeostasi del popolo, del gruppo, del clan.

Succede però che ciò che è conservativo rischia di impermeabilizzare dalle informazioni che provengono dall'esterno: così come per le famiglie, culture dalle trame troppo rigide finiscono per ostacolare la morfogenesi, i cambiamenti.

D'altro canto, proprio per questo meccanismo che si è selezionato nel tempo a protezione delle culture, finisce che noi, appartenenti a un certo gruppo, rischiamo di vedere soltanto il nostro prato, come si suol dire, e crediamo che il mondo finisca a un palmo dal nostro naso. La paura dello straniero e la mancanza di conoscenza di altre usanze finiscono però per portarci a credere, ahimè, che *Roma caput mundi*.

Per scrivere questo libro ho scelto di allontanarmi da casa migliaia di chilometri, in un piccolo villaggio sulla costa sud orientale dell'India, dove sono rimasta due mesi, ma di questo parlerò meglio in seguito.

Il mio soggiorno è coinciso anche con i Mondiali di calcio. Non seguo lo sport, nemmeno quando ha questa risonanza, ma nel villaggetto dove ho abitato per diverse settimane, avevo accesso a internet (il progresso raggiunge anche le foreste più remote!), quindi ho mantenuto un occhio sul panorama degli accadimenti calcistici. La squadra del Marocco è giunta quasi in finale, e per festeggiare questo importante traguardo un centrocampista ha ballato a bordo campo con la madre, velata. La notizia ha fatto il giro del mondo e ad alcuni è risultata stonata, bizzarra.

Ciò che non si conosce, o comprende, diventa «strano».

In alcune culture, semplicemente, la madre è sacra, rispettata, onorata in quanto saggia e donatrice di vita. Oltre che amata, talvolta resta una divinità, soprattutto per il figlio maschio. La figlia femmina sa che un giorno diventerà molto probabilmente lei stessa «divinità», dando alla luce un figlio, possibilmente maschio.

Noi occidentali non abbiamo il culto degli antenati. Almeno non così marcato: spesso, chi è venuto prima è uno sconosciuto. Ma teniamo a mente che basta spostarsi di poco e le cose cambiano, e ciò che a noi può apparire «bislacco» in casa d'altri è un rituale importante.

La storia di Shirin, che ho scelto di trasmettere con le sue parole, aggiunge uno sguardo culturale più ampio a questo nostro raccontarci qui.

Shirin: la dea madre

Sono nata in Medio Oriente, durante un bombardamento. Mia mamma partorì in ospedale stringendo la mano a sua madre, mia nonna. Fu un parto matriarcale, tre generazioni femminili una accanto all'altra. Eppure, quando mia mamma parla della nascita di mio fratello e della mia, c'è una parola che accompagna sempre il racconto: sola. Si sentiva sola. Mio padre era prima al fronte per combattere gli aggressori e poi da quest'altra parte di mondo a preparare le carte per farci emigrare.

Le foto che ritraggono la mia nascita raffigurano una madre già truccata sul letto di ospedale, con me in braccio: rossetto rosso su labbra carnose, capelli scuri in ordine e matita nera sotto occhi grigio mare. Impeccabile. La partoriente, stanca e provata, sembrava più mia nonna!

Il matrimonio dei miei fu per amore. Nonostante la geografia, la religione e i tempi fossero altri, la loro non fu un'unione combinata. Si conobbero quando papà frequentava l'ultimo anno delle medie e mamma l'ultimo delle elementari. Mio padre era compagno di banco e migliore amico del fratello di mia madre. Cinque anni dopo, si fidanzarono.

Partirono per l'Europa per proseguire gli studi.

Erano gli anni Settanta, eppure i miei nonni permisero alla figlia adolescente di espatriare e convivere con il fidanzato a migliaia di chilometri di distanza. Col tempo, quello che per tanti anni avevo valutato come un atto progressista e all'avanguardia assunse un contorno sempre più sfocato, fino a prendere la forma di una domanda rivolta idealmente a mia madre: «Com'è stato crescere, in una delle età più delicate, lontano dai tuoi genitori?» Da qui, quel «sola» ha cominciato ad avere un senso dentro di me.

Il nostro Paese, nel frattempo, conosceva una rivoluzione sanguinosa e una guerra durata quasi dieci anni che vide circa settecentomila morti. In questa parentesi i miei tornarono in patria per sposarsi e solo molto tempo dopo emigrarono una seconda volta per assicurare una vita migliore ai propri figli. Mio fratello passò i primi anni a tapparsi le orecchie e nascondersi sotto il tavolo non appena si sentivano le sirene antiaeree; poi, una volta partiti, ne trascorse il doppio a evitare le conversazioni sulla sua terra natia. Solo tanti anni dopo ha fatto pace con la guerra che si portava ancora dentro.

La mia famiglia di origine è stata felice per lungo tempo, aiutata da una serie di fattori che ho riconosciuto nel corso della mia crescita: un rapporto amorevole tra i miei genitori, un agio economico non indifferente, un'importante capacità comunicativa e affettiva da parte di una madre che ha agevolato i rapporti tra di noi, una cultura di provenienza millenaria, molto forte, che ci ha dato modo di costruire un'identità salda e percepita come dignitosa, e infine un'istruzione genitoriale variegata, multiforme e *open minded* che ha permesso a noi figli di mantenere una veduta ampia e critica verso il mondo.

Se dovessi riassumere, direi che c'era tanta vita nella nostra famiglia.

Eppure, c'è un eppure.

L'incombenza della morte era perennemente appollaiata su un ramo del nostro albero. Il primo ricordo che ho legato a mamma è di me seduta fuori dalla porta chiusa della camera dei miei genitori, aspettando che lei stesse di nuovo bene. Soffre di malattie degenerative che l'hanno costretta sulla sedia a rotelle fin da giovane; quando aveva crisi di dolore, voleva solo stare in una stanza con la luce spenta e le tapparelle abbassate finché non passavano.

Se, da un lato, io mi rifugiavo nella paura di perderla, dall'altro mio fratello costruiva un mondo tutto suo, fatto di giochi inventati e amici immaginari: sostenere anche quella malattia sarebbe stato troppo per lui. Mio padre, invece, si ripiegava sempre più sul lavoro.

Quei momenti di buio, che sembravano eterni, duravano qualche giorno. È difficile spiegare come si spegnesse la luce dentro casa quando lei stava male: era come se tutto perdesse calore e colore. Persino l'odore era diverso, e anche mio padre sembrava più austero.

Negli anni le crisi cambiarono faccia, modalità e frequenza. Se prima erano sporadiche o i tempi di ripresa erano brevi, col passare del tempo duravano sempre più a lungo ed erano sempre più violente. Il contatto con la malattia, con il dolore e con la morte è diventato una costante nel nostro sistema familiare, trasformando una relazione genitoriale tra pari in una tra co-dipendenti, dove l'uno è divenuto la figura di riferimento per la condizione di bisogno dell'altro.

Questa realtà ha, con ragionevolezza, plasmato anche il modo di noi figli di percepire e significare le relazioni stesse, improntato alla paura di perdere l'altro in qualsiasi momento. Ciò ha innescato, almeno in me, una modalità relazionale basata sulla richiesta di attenzioni, di presenza vigile e simbiotica, come a risarcirmi di quella costanza non avuta dalla figura materna, ma mendicando da persone tendenzialmente evitanti pur di continuare a riscontrare quell'instabilità, non voluta, che ho ricevuto per forza di cose da mia madre.

Una delle domande che si ripetono nella mia mente è: quanto deve essere stato difficile per una persona malata come lei cercare di rimanere integra, autosufficiente, emotivamente indipendente? Soprattutto se ha lasciato la casa genitoriale quando era così giovane e l'altro, la relazione, è diventata l'unica ancora di salvezza.

A questa situazione precaria da un punto di vista affettivo si associò, negli anni, una crisi economica che rese incerto anche il nostro benessere, allungando di molto i tempi dell'autonomia figliare e alimentando altre dinamiche di dipendenza: chi per salute, chi per mancanza di possibilità economiche, nessuno sembrava in grado di sganciarsi dalla famiglia.

Abbiamo vissuto una guerra, più migrazioni, una rivoluzione, la malattia e una solitudine che si prova solo quando ci si sente a casa in due posti diversi e, allo stesso tempo, non ci si sente a casa in nessun posto. Che ti consente di avere il cuore riempito per il doppio e diviso a metà allo stesso tempo. Con radici a migliaia di chilometri dai propri rami.

Oggi, quando penso alla mia famiglia, vedo un gruppo di persone che ha avuto la capacità di rimanere in piedi nonostante le difficoltà, e una sensazione di gratitudine e di amore prende il sopravvento sulla tristezza, l'ego e le recriminazioni.

Nell'incipit di *Anna Karenina*, Lev Tolstòj scrive: «Tutte le famiglie felici si assomigliano, ogni famiglia infelice è infelice a modo suo». Per noi è stato vero che ogni famiglia felice è infelice a modo suo.

Amici di famiglia

Oltre a quelle amorose, le relazioni amicali hanno un ruolo fondamentale nella vita di ognuno di noi, e si collocano nel cerchio appena dopo quello dei familiari. Un amico non solo ci porta mondi differenti con cui mescolarci, ma ci permette di guardare da altre angolazioni ciò che per uno strabismo congenito in famiglia non vediamo, a causa della troppa vicinanza dei familiari.

Con gli amici facciamo esperienze forti e morbide allo stesso tempo, meno vincolanti e con una variante importante: diversamente dai familiari, gli amici si possono scegliere.

Insomma, *ça va sans dire*, un amico si può scegliere, un parente no.

Con un amico si possono sperimentare al contempo spensieratezza e profondità, si fanno prove di fiducia e lealtà. Certo, con gli amici si possono patire anche le pene dell'inferno, ma se ci pensiamo il legame è meno debitorio. Insomma, a poco più di una spanna da quella dei familiari, troviamo la casella delle amicizie, a volte amene e divertenti, altre profonde e tormentate. Anche questo tipo di legame, però, qualche volta, può suscitare sentimenti molto forti di dipendenza affettiva, al pari di quelli tra amanti.

E proprio questa *liason* emotiva fortissima è accaduta a Bianca.

Bianca: l'amica del cuore

Occupandomi perlopiù di relazioni, i pazienti mi portano spesso un nome durante i colloqui. Quello di un partner, di un ex che non dimenticano, di un uomo o una donna da cui è difficile staccarsi e con cui la relazione ha le caratteristiche di una dipendenza emotiva. Capita anche che la relazione problematica sia con un datore di lavoro o un collega.

Bianca arriva con il nome di un'altra donna: Guya.

Mi racconta di aver avuto una rottura con la sua migliore amica, e per questo motivo non dorme e non mangia da giorni. Pare ossessionata e non trova pace al pensiero di non avere più quella presenza quotidiana nella sua vita. Sebbene entrambe sposate con prole, Bianca e Guya passavano ore al telefono a raccontarsi il loro quotidiano, ritagliandosi momenti per le chiacchiere durante gli spostamenti in auto con i bambini o mentre cucinavano. Organizzavano fughe e viaggi, si frequentavano con le famiglie: insomma, era una relazione stabile e disseminata da tanti messaggi, condivisione e complicità.

Fino a quando, per un banale screzio, Guya ha smesso di chiamarla. I rapporti si sono raffreddati di colpo e Bianca non se ne fa una ragione. Sente un vuoto doloroso e teme che senza di lei non riuscirà più a fare «cose pazze», come le definisce lei. Piange e si dispera, ha tutti i sintomi dell'elaborazione di un lutto.

Quando le chiedo di raccontarmi un po' la loro storia, definisce Guya come l'amica che c'era sempre, che le è sempre stata vicino. Dal canto suo, Bianca le dava una disponibilità totale, accondiscendendo a esperienze anche un po' estreme come viaggi notturni in luoghi poco raccomandabili, sbronze e condotte *freestyle*, come ama chiamare le loro uscite un po' adolescenziali.

Le domando poi di darmi qualche dettaglio sulla sua famiglia di origine.

Bianca era la classica ragazza studiosa, non aveva mai dato problemi ai genitori. Lei e i fratelli sono cresciuti con regole ferree: non ci si alzava da tavola senza prima aver finito il cibo nel piatto e non si poteva andare a letto dopo le dieci di sera. Bianca frequentava il liceo classico e andava sempre a scuola con i capelli raccolti e la collana di perle. I primi blu jeans un po' sfrangiati se li era concessi per la prima volta uscendo con Guya, quando era già sposata e madre. La trasgressione non era nel catalogo dei comportamenti tollerati nella sua famiglia.

Qualcosa non mi torna, perciò cerco di esplorare meglio il rapporto con i genitori. Forse è lì l'origine della sua ossessione per la relazione con Guya, che la porta ad accettare qualsiasi comportamento da parte dell'amica, anche il tenerla sospesa per un incontro di chiarimento, cosa che spinge Bianca a controllare in maniera compulsiva il cellulare per vedere se le ha risposto.

Affascinata dall'istrionica Guya, per mantenere quel legame Bianca si è sottomessa nel tempo alle bizzarrie dell'amica, che all'inizio trovava divertenti. Poi però le sue stranezze hanno cominciato a pesarle. Insomma, Bianca ora vive un inferno, proprio come se l'amato l'avesse lasciata sull'altare.

C'è in lei una volontà di aggiustare, riparare e rimettere le lancette dell'orologio al momento precedente, a quando lei e l'amica scorrazzavano spensierate a fare shopping in città o, messi a letto i bambini, guardavano in contemporanea una serie Netflix stando al telefono e commentando gli episodi.

I mariti delle due giovani donne sembrano essere del tutto periferici, lontani da quella che pare a tratti avere le caratteristiche di una *folie à deux*. Sento che Bianca vuole proteggere l'amica e la bolla in cui esistono solo loro due in un tempo sospeso e prezioso. Anche se dall'esterno mi sembra che non facciano nulla di così entusiasmante da giustificare quella disperazione. C'è qualcosa che non riesco ad afferrare in questo accanimento. Bianca è una persona molto corretta, educata, precisissima; ho fatto caso a una sua abitudine, quella di chiedere conferma più volte dei nostri appuntamenti, come se le mancasse una fiducia di fondo. Una volta mi dice in proposito: «Dottoressa, lo faccio perché penso sempre che lei si dimentichi che ci vedremo».

Chiedo a Bianca di raccontarmi di sua madre.

Quasi di sfuggita mi dice che era tanto cara, molto buona con i figli, ma quando si arrabbiava all'improvviso faceva uno *switch*.

In ogni percorso arriva un momento che chiamo *turning point*, un punto di svolta cruciale, come una rivelazione da cui poi non si torna più indietro.

Le domando come si sentisse di fronte a quella madre e lei risponde: «Insicura per la sua imprevedibilità, ma anche affascinata dalla creatività che quelle esplosioni contenevano».

Passava in un attimo da calma e dolce a furiosa: diventava aggressiva, violenta, prendeva i figli a parole urlando e li picchiava. E loro non sapevano mai quando sarebbe accaduto. Tutti sentivano di camminare sulle uova.

Piano piano emerge un'altra narrazione sulla madre, più

aderente alla realtà: era una persona instabile, imprevedibile. E a Bianca questo causava un'ansia enorme. Ha sviluppato una personalità quasi maniacale per l'ordine e l'organizzazione, come un modo per mettersi al riparo, tuttavia resta profondamente amorevole con la mamma, che dentro di sé protegge e giustifica. Proprio come sta facendo con Guya.

Mi viene allora da ipotizzare che abbia proiettato sull'amica la figura materna. Guya rappresenta per lei ciò che, abbiamo detto, Jung definisce ombra psichica: le ricorda l'imprevedibilità della madre. Quelle «cose pazze» Bianca non se le permette, le vive per interposta persona negli aspetti creativi delle intemperanze di Guya. Ma il lato oscuro dell'ombra ha fatto capolino nella loro relazione e Bianca è stata scartata senza troppi fronzoli. L'amica fedele e affidabile si è rivelata un appoggio inconsistente e ora lei si ritrova spiazzata. Sentendosi sola e abbandonata senza motivo apparente, è sprofondata nell'angoscia proprio come quando era bambina.

A tal proposito, credo che il concetto che Freud chiama «il perturbante» ci sia utile per comprendere meglio ciò che accade a Bianca, e può succedere a ognuno di noi, quando qualcosa che ci sembra rassicurante e familiare ci appare all'improvviso del tutto estraneo. I punti di riferimento vengono a mancare, e ci ritroviamo a vagare senza meta dentro tempeste emotive.

Il passaggio successivo è osservare insieme a Bianca lo specchio che Guya le riflette. L'amica specchia la sua ombra di fragilità e instabilità, che lei ha accuratamente rimosso, avendo fatto l'equazione instabilità = pericolo emotivo. Tuttavia, quella dimensione esclusa le riappare in termini di paura mista a fascino verso le modalità di Guya.

Rinunciare a lei è come rinunciare alla madre, e a una parte di sé interiorizzata. Tenendo il lato bello e divertente di Guya,

Bianca si assicura qualcosa a cui tiene, ma che non si permette di vivere in autonomia: ha bisogno dell'amica per concederselo.

La storia di Bianca ci ricorda quanto le relazioni – tutte – possano essere opportunità di scavare per la nostra archeologia emotiva. Prestiamo perciò attenzione ai sentimenti che nutriamo per gli amici più cari.

#Pensiamoci

Rifletti su una relazione con una persona che ti suscita sentimenti forti. Può essere un collaboratore, un capo, un amico.

Focalizzati ora su cosa ti piace e su cosa ti addolora di lui.

Riesci a dirti chi ti ricorda la dinamica con quella persona? In quali occasioni della tua infanzia ti sentivi in questo modo?

Attenzione: non concentrarti sui fatti, ma sulle emozioni.

Chi ti faceva sentire così?

Può essere che l'attaccamento a questa relazione, seppur disfunzionale, nasconda il tentativo di riparare quel disagio antico?

Pensaci.

12
Di boschi, sentieri e foreste

«Se ciò che dico risuona in te,
è semplicemente perché
siamo entrambi rami
di uno stesso albero.»

William Butler Yeats

Cosa fa sì che in famiglia ci si senta al sicuro o minacciati?

Quando funziona, la famiglia ci fa tanto bene. Ci accoglie come un bosco buono, che ci ripara e alberga, con sentieri pianeggianti e radure soleggiate. Quando è disfunzionale, invece, diventa una foresta cupa e intricata, talvolta con arbusti velenosi. Insomma un inferno, e so che tu, caro lettore, per tua esperienza diretta o indiretta, potrai essere d'accordo con me.

Ma da cosa dipende se il focolare domestico è un'oasi o un campo minato?

Il benessere in casa è dettato da molti fattori. Per esempio, da come vengono declinati mutamenti, scosse di assestamento e riti di passaggio; questi ultimi, in particolare, rappresentano per le famiglie un'opportunità di riorganizzazione. Un matrimonio, un trasferimento, un decesso, una rottura per un litigio, un divorzio, un contenzioso: sono infiniti gli snodi possibili o i varchi da cui le famiglie passano nel corso del tempo e che le mettono di fronte alla necessità di riconfigurarsi.

Date le numerose tipologie di famiglie presenti sempre più nel panorama sociale – tradizionali, arcobaleno, mononucleari –, credo sia doveroso chiarire che i movimenti interni a un gruppo familiare seguono gli stessi andamenti sia che parliamo di famiglie etero o omogenitoriali. Ed è importante sottolineare che le persone single costituiscono una famiglia a sé. Le società sono quindi formate da miriadi familiari. Le famiglie, tutte, costituiscono un quadro rappresentativo dell'umanità. Mi piace sorridere pensando ai tanti tipi di famiglie possibili, in cui tutti, chi più e chi meno, potremmo riconoscerci e che esemplificano il mito che i componenti hanno di se stessi, come vedremo tra poco.

Già in *Di troppo amore* ho raccontato in maniera scherzosa le varie tipologie di famiglie: quale occasione migliore per aggiungere qualche voce a quell'elenco? Poiché, alla luce di quanto ci siamo detti finora, possiamo riconoscere che ciò che rappresenta al meglio le famiglie è proprio il mito a cui aderiscono con tanta serietà e solennità.

D'altronde, nella mia esperienza, saper trovare il lato comico nelle situazioni anche più disperate e disparate aggiunge sale alla vita. Saper sorridere di sé è una grande risorsa.

Allora adesso sorridiamo insieme, senza alcun giudizio, osservando alcuni tra i tanti tipi di famiglie possibili. E pensando che, a volte, siamo o siamo stati un po' come ognuna di loro.

I Brillarelli

Ah, loro, brillanti. Simpatici, estroversi, gioviali, quasi gradassi. Offrono sempre da bere a tutti al bar, poi però piangono quando arriva la bolletta del gas. Sono parenti stretti della famiglia Abbaglianti, che però li supera in splendore.

I Narcisotti

Si sentono molto più speciali dei Brillarelli. Sono famiglie dall'ego lungo. Nascondono una profonda insicurezza e vergogna ma non lo dicono a nessuno. Ai figli viene chiesto di far luce ai genitori e di brillare per illuminarli e dargli lustro.

Gli Spostati

Per essere originali, sono originali. Tutti. Li vedi camminare in pigiama a notte fonda, cantano per strada, tengono in casa animali esotici rari. Insomma, sono quelli che «come tutti gli altri mai».

I Contrariati

Sono sempre polemici, si sentono perseguitati, vittime di ingiustizia anche se piove. Hanno il broncio perenne.

I Giudichelli

Al posto degli occhi hanno un calcolatore, il giudichello appunto, che valuta in tempo reale ciò che è giusto o sbagliato.

Se i Contrariati hanno il broncio, l'espressione dei Giudichelli è la bocca un po' disapprovante, assieme alla testa che si scuote.

I Bollettini

Parenti stretti dei Giudichelli, a tavola parlano tassativamente degli altri, mai di sé.

Sono sempre aggiornati su tutto: sanno quanto guadagna il vicino di casa, quanto ha speso il vicesindaco per rifare le piastrelle del bagno, se la figlia della fornaia è rimasta incinta e di chi. Insomma, sono un TG aggiornato in tempo reale.

I Muticomeunatomba

Invece di camminare con lo sguardo dritto, si spostano vicino ai muri. Conservano segreti, e di se stessi non parlano mai. Nemmeno sotto tortura. Gli occhi si muovono veloci da una parte all'altra per vedere se qualcuno li segue.

I Sudarelli

Mentre lavorano sudano, se no non vale. Per loro la fatica è un onore al merito. Vivono per lavorare e fanno a gara a chi resiste più ore. Appena entrano in casa, sbuffano per sottolineare la fatica.

I Braccinocorto

Sono quelli che al supermercato passano ore a valutare i prezzi e mentre parli ti interrompono per chiederti quanto costano le tue scarpe o quanto hai pagato la sciarpa. La parola d'ordine è «Caccia al risparmio». Sono capaci di fare chilometri per un'offerta 3x2.

I Sottaceti

Bruschi, acidi, anaffettivi, non si abbracciano dal battesimo del loro primo figlio. Tutti evitanti.

I Mappazzoni

Sono un blocco unico. Fanno tutto insieme, dove c'è uno ci sono anche gli altri. I figli vanno a fare la spesa con i genitori e in vacanza con loro fino a trentacinque anni.

Inutile dire che in questa famiglia individuarsi non è permesso. Proibito diventare indipendenti e adulti.

I Pagherò

Pieni di debiti, tutti li schivano perché scroccano e mangiano a sbafo ogni volta che possono.

I Pocaroba

Sono minimal e fanno con poco, hanno un armadio in cinque e mobili IKEA. Come stile di vita adottano il *downshifiting*.

Gli Sciagurati

Hanno tutti almeno una querela, un paio di ritiri della patente per guida in stato di ebbrezza e hanno sfasciato minimo due macchine a testa. Sembrano fare la raccolta di tutti i sette peccati capitali.

I Portegirevoli

Non stanno mai insieme, i figli se ne vanno sdegnati da casa per poi tornare perché non sanno combinare molto senza la famiglia. Quando ne torna uno, facile che si indigni e se ne vada l'altro.

Gli Enigmisti

Date loro un problema e lo risolveranno. Sanno fare di tutto: ingegnosi, si dedicano a imprese titaniche, tipo rifare il tetto di casa da soli. La vita per loro è una sfida. Non comprano automobili, se le costruiscono in garage.

I Serenelli

Ognuno sta al proprio posto facendo il proprio ruolo. Sono abbastanza sereni pur attraversando tempeste, sanno che ci sono e ci saranno gli uni per gli altri.

Potremmo giocare a inventarci altre famiglie archetipiche all'infinito.

Queste tipologie, lo ripeto, non sono in sé né giuste né errate, sono semplicemente posture umane, in cui alcuni sostano più di altri.

Per mille motivi, alcune famiglie costruiscono, altre distruggono o vengono distrutte e talune vivono costantemente in scacco, sotto un ricatto affettivo o con sacche di rancore sotterranee. Ma tutte, nel bene e nel male, restano pur sempre quello che sono: una famiglia.

#Pensiamoci

Prova a continuare il gioco: quali famiglie conosci?
Rientrano in una (o più) di queste categorie?* E la tua?

* Per altre tipologie di famiglie vedi il mio libro *Di troppo amore*, cit.

#Quadro n. 8

Io come te. E poi, anche altro

ORA racconterò un segreto.

Vista la mia famiglia sfrangiata di origine, fin da ragazzina avevo l'illusione riparatoria che io sì che sarei stata una madre esemplare, io sì che avrei aggiustato quel copione storto e non avrei mai commesso gli stessi errori dei miei genitori.

Vero. Ne ho fatti di ben altri, finendo per diventare per alcuni aspetti esattamente come loro.

Ricordate lo specchio? Ora riesco a vederlo, e sono riuscita a risignificare e trasformare in risorsa quelli che allora ritenevo «difetti» e mancanze. Di mio padre girovago riconosco in me l'amore per l'avventura e il non aver paura di abitare il mondo tutto. Di mia madre lo stesso. Di entrambi la capacità di cavarsela sempre e comunque, di attraversare tempeste e restare dritti. Sono figlia di due emigranti, ho il coraggio nel sangue.

Da ragazzini, però, molte volte fantastichiamo di essere un giorno i genitori che non abbiamo avuto. Invece, se ricordate tutto quello che ci siamo detti finora – i copioni, il diventare in fondo uguali a chi giudichiamo, l'ombra –, torniamo esattamente dove eravamo rimasti: alle radici. Saremo in parte una versione aggiornata di chi abbiamo respirato o delle persone di cui abbiamo sentito la mancanza.

Un po' e un po'.

Per tanto, tantissimo tempo ho provato fastidio per mia madre che mi diceva, fino a pochi anni prima di andarsene per vecchiaia, cosa dovevo fare, come dovevo vestirmi. Era il suo modo. Ora lo so. Ma all'epoca lo contrastavo, sbuffavo (come un'adolescente mai cresciuta). Mi diceva sempre: «Copriti, copriti. Copriti la gola che prendi freddo». Persino in piena estate. E io mi scocciavo. La sentivo apprensiva, soffocante, controllante. E mi ribellavo, sbottando.

Un giorno, quando lei non c'era più da qualche tempo, mentre salutavo la mia figlia minore che stava per uscire di casa, le ho detto, rendendomene conto nell'attimo stesso in cui pronunciavo la frase: «Aurora, copriti la gola, prendi una sciarpa».

Per un attimo siamo rimaste entrambe in silenzio, poi siamo scoppiate a ridere di gusto.

Ho detto forte, scherzando: «Mamma, esci da questo corpo!»

Mia figlia mi ha risposto serena: «Non ti preoccupare, mamma, io farò uguale». E, tranquilla, è uscita.

Stupita, ho pensato che lei, poco più che ventenne, aveva capito tutto. Io ci avevo messo una vita a contrastare l'essere uguali, e lei invece era già oltre. Almeno in questo, mi sono detta, Aurora è salva: le è chiaro che puoi lasciar andare e cambiare uno schema solo se prima lo accetti.

Se no, lo ripeti all'infinito. E diventa un fardello pesantissimo.

Io però per tantissimo tempo mi sono opposta alle mie radici, e nelle mie fantasie di giovane donna sognavo una famiglia perfetta come riscatto di tutto quello che, secondo me, non avevo mai avuto.

Invece ho costituito una famiglia comune, umana. Che a tratti naviga dritta, altre volte si impenna, o va via tutta di traverso.

Per fortuna.

#Pensiamoci

Pensa a una cosa che ti dava molto fastidio che uno dei tuoi genitori, o entrambi, facevano e a cui ti opponevi, dicendo: «Io non lo farò mai».

Ora osserva dove ripeti lo stesso comportamento.

Attenzione: non cadere nella trappola del «però io...» e subito ti autoassolvi. Prova a vedere la versione aggiornata di quell'atteggiamento. Contestualizzalo, cercane l'essenza.

Poi mi dirai.

In somma

«Siamo ciò che abbiamo scelto di essere.»

PLATONE

Dottoressa, come si fa?

«Come si fa?» è una domanda che mi viene rivolta ogni giorno, talmente ricorrente che mi ha portata a riflettere molto.

Le persone vorrebbero cambiare, modificare gli schemi dolorosi, poi restano invischiate nelle solite modalità e mancano di strategie per fronteggiare le sfide evolutive che la vita presenta.

Per mia esperienza, ho compreso che a fare la differenza non è tanto il come, ma il cosa. E il cosa va contestualizzato, è soggettivo nella vita di ognuno.

Prendiamo per esempio la salute emotiva della famiglia: quali sono le caratteristiche che favoriscono un benessere del sistema, anche nell'affrontare le traversie?

La salvezza sta nel saper coniugare gli opposti cercando un equilibrio delle polarità.

Immaginiamo una famiglia che dia molto valore all'istruzione scolastica: questo è un punto fermo nella scala valoriale. Di fronte alla bocciatura di Matteo, diciassette anni, il sistema avrà vita migliore se non si oppone in maniera rigida e punitiva, quanto piuttosto adottando una flessibilità; pur restando fermi sul valore dell'istruzione, si può accogliere l'inciampo di Matteo. In tal caso, il cosa fare sarà «adottare una modalità fluida».

Vediamo un'altra situazione.

Enrico è sempre stato un padre inflessibile, molto religioso, e non concepisce la convivenza, resta un forte sostenitore del matrimonio. Tuttavia, quando Erminia dichiara di voler andare a vivere col compagno Geronimo, separato con due figli, Enrico non si oppone, ma la accompagna a cercare casa. Qui coniugare gli opposti potrebbe sembrare paradossale, tuttavia molto spesso la soluzione *è* paradossale.

Esempi di questo genere ci fanno capire che idee e strutture fisse danno stabilità al sistema, che però può rendersi elastico nelle situazioni specifiche, senza interrompere le forme affettive originarie. Ciò che aiuta è sì ancorarsi ai propri principi, tenendo presente da dove si viene, ma anche accogliere i cambiamenti o gli eventi improvvisi non come una tragedia che spezzerà l'identità familiare, bensì come qualcosa che aggiunge e non toglie nulla.

Declinare fermezza e variazioni è una sfida evolutiva del sistema, e alla lunga dà frutti.

Gli equilibri possono rompersi in qualsiasi momento e la risorsa del gruppo sta nel sapersi riadattare senza andare in frantumi.

Perciò, ecco cosa fare:

- Accogliere il cambiamento senza temere una perdita dell'identità.
- Ricordare che, se siamo qui, significa che la forza della vita è arrivata fino a noi.
- Tramandare i racconti di chi c'è stato prima, per fortificare il senso identitario.

- In caso di difficoltà, tenere ben presente che non è squalificando che si otterranno risultati.
- I segreti non vanno per forza svelati, ma i non detti accumulano un peso enorme. Valutare!
- La comunicazione chiara è molto più salutare che usare un familiare da sponda per colpirne un altro e tramare alle sue spalle.
- Osservare il menù dei tabù e osare infrangerlo, correndo il rischio della disapprovazione. Non si smette di appartenere se si agisce in modo diverso.
- Con sincerità, annotare l'elenco delle pretese che si hanno verso i familiari. Riconoscerle è già un primo passo per poi riuscire a lasciarle da parte.

Come ci si accorge che stiamo attuando un cambiamento?

Il cambiamento non avviene in maniera repentina. Tanto meno si decide a tavolino e l'indomani tutto sarà diverso da oggi.

Esso ha un movimento oscillatorio, come abbiamo visto. E forme antiche convivono con quelle recenti, anche sovrapponendosi.

Ecco un piccolo schema per osservare le fasi del cambiamento senza scoraggiarsi.

1. Dapprima, ignaro, ripeti sempre lo schema.
2. Una volta che arriva la consapevolezza, metterai in atto un comportamento malsano, ma te ne renderai conto dopo averlo fatto.
3. Sai che lo farai, ma te ne accorgi mentre lo fai, e questa è già una conquista.
4. Sai che lo farai, te ne rendi conto prima e lo fai lo stesso. Non riesci a fermarti.

5. Sai che lo faresti, ne sei consapevole, ma inizi a fermarti prima.
6. Non lo fai né lo faresti più.

Di cosa non ho parlato

> *«Fate attenzione e tenetevi*
> *lontani da ogni cupidigia perché,*
> *anche se uno è nell'abbondanza,*
> *la sua vita non dipende da ciò che egli possiede.»*
>
> LUCA, 12:15

Giungendo alla fine di questa trattazione mi rendo conto di quanti argomenti, di quanti boschi e foreste familiari avremmo potuto parlare ancora: per esempio, a cosa ci è stato detto sul denaro, sul possedere ricchezze o su come gestire il rapporto con l'avere, con le cose, se ci viene autorizzata l'abbondanza o se il mandato familiare è «non si accumula».

Non ho parlato di come la religione e la spiritualità sono (o non sono) state coltivate attraverso viaggi transgenerazionali. Non ho trattato il tema dei riti e rituali che scandiscono la vita familiare e sono così importanti, né di come in famiglia vengono vissute la morte, la malattia, il lutto. Del patto tra coniugi e della rinuncia implicita a dominarsi l'un l'altro quando si decide di diventare coppia, e di come questi patti condizionino la vita intrafamiliare. Di adozioni e famiglie affidatarie. Delle nuove famiglie arcobaleno. Di gravidanze precoci dei figli e delle cicatrici atroci e invisibili lasciate dagli aborti, di cui nessuno parla ma restano, e ogni donna in cuor suo sa.

Per inciso: i bambini abortiti o mai nati, le morti precoci, creano una falla nel sistema che può portare qualcuno a prendere il posto emotivo di chi manca, finendo – come abbiamo visto per le esclusioni – per ricoprire un ruolo non suo. Questo tema meriterebbe un approfondimento, lo so.

Non ho parlato delle famiglie in cui i figli sono considerati alberi senza fiori se non continuano la stirpe, né di come le ideologie vengono rispettate o derise, e di un'infinità di altre cose.

Ho detto molto di come si sentono i figli quando non osano tradire la lealtà familiare e non riescono a volare via indossando la loro libertà, mi sono soffermata meno sul rito di passaggio dei genitori che sentono il nido vuoto e devono risignificare la coppia, e la genitorialità, imparando ad amare alla giusta distanza.

Non ho approfondito come la colpa e la responsabilità si declinano in famiglia. Ma ho ribadito e sottolineato quanto i nodi del passato rimangono inscritti nel DNA e si ripalesano in ogni ambito del presente.

Spero comunque di averti dato una chiave che diventi microscopio attraverso cui analizzare ogni altro tema che senti sia stato determinante per la tua evoluzione.

A conti fatti

«La vita è ciò che ne facciamo.»

EMILY DICKINSON

«Semplicemente, ricordo ai miei pazienti
che prima o poi
dovranno rinunciare all'idea
di voler aver avuto
un passato migliore.»

IRVIN YALOM

Ai fini della nostra discussione qui, occorre tenere sempre ben presente che nelle relazioni e quando si costituisce una nuova famiglia vengono sommate le storie dei due sistemi, che spesso sono complementari.

Il problema è che si corre in avanti molto in fretta, portando dentro il salotto nuovo della casa fresca fresca tutto un «mappazzone» emotivo irrisolto e stantio. E questo prima o poi diventerà insopportabile per la nuova coppia, come abbiamo più volte rimarcato. Si parte entusiasti, ma se non si sono saldati i conti con chi è venuto prima si finirà a urlarsi in faccia accuse che sono destinate a mittenti precedenti.

Se pensiamo che i nostri genitori ci debbano qualcosa, vuol dire che non siamo ancora cresciuti. Mettiamo su famiglia, facciamo figli, ma non molliamo quell'osso rancoroso verso chi secondo noi «doveva, avrebbe dovuto, non ha fatto, non ha detto», e via una litania di lamentele, recriminazioni e crediti nel registro dei debitori in cui abbiamo iscritto i genitori.

Il mio pane quotidiano è ascoltare ferite. Che per mia fortuna conosco molto bene, quindi mi sento di dire che spesso so dove mettere le mani per sciogliere il nodo infiammatorio che le mantiene dolenti. In certe pratiche della fisioterapia e in agopuntura si chiamano *trigger points*: punti in cui, quando eserciti una pressione, si sente molto dolore, poi dopo un po' di tempo c'è un rilascio energetico, la tensione si allenta e il dolore scompare, o almeno migliora.

La lista dei crediti che supponiamo di avere con chi ci ha messo al mondo fa il paio con la devozione in cui altri invece restano invischiati. Per troppa riconoscenza molti figli si sacrificano, e lì rimangono senza esplorare la propria vita, devolvendosi in sacrificio per i genitori, come abbiamo visto in alcune storie.

La postura meno dolorosa in famiglia è dunque riuscire ad amarsi a una giusta distanza, tenendo a mente il nostro punto di origine, ma guardando avanti. Per poterlo fare occorre comprendere come funziona l'essere umano, e in questo ci viene in aiuto non solo la psicologia, ma anche la filosofia.

Martin Buber, nel suo saggio *L'Io e il Tu*, distingue due tipi di relazioni: vediamoli in breve, senza addentrarci troppo nei concetti e prendendo ciò che è utile alla nostra argomentazione.

Secondo Buber, la relazione Io/esso (il minuscolo è significativo) è quella oggettificata, quella cioè in cui io mi pongo da persona «superiore», mentre in modo asimmetrico relego l'altro al pari di una cosa, un oggetto, appunto. Pensiamo al presunto «amore» narcisistico: il rapporto con l'altro è oggettivante, cioè l'altro è cosificato.

La relazione Io/Tu implica invece che io ti veda come un essere umano come me, in un rapporto persona-persona, in un legame reciproco, intero. Nel momento in cui dico «Tu» all'altro, lo ritengo pieno, integro. E, aggiungerei io, anche degno.

L'amore Io/Tu è una scintilla, una comprensione dell'essenza dell'umanità, che Buddha definirebbe il Tu eterno. Sempre restando in ambito filosofico, secondo il filosofo francese Emmanuel Lévinas possiamo riconoscere l'essenza divina nel volto dell'altro.

Trasportando queste dissertazioni da un ambito speculativo a quello psicologico, capiamo quanto sia importante il passaggio da oggetto a soggetto in ambito familiare. Mi spiego.

Quando un bambino è piccolo, è «mio figlio di tre anni». C'è un'asimmetria definita, funzionale, finché, a un certo punto, il mio bambino diverrà un soggetto personale. Allo stesso modo, un bambino dirà che Mario Rossi, che l'ha messo al mondo, è il suo papà e Maria Verdi è la sua mamma. Più avanti, Mario Rossi e Maria Verdi, pur restando per tutta la vita papà e mamma – con un'eterna asimmetria di ruoli e gerarchia, si badi bene –, diventeranno *anche* due persone. E ciò che li legherà tutti è sì la loro storia, l'essere alberi di uno stesso bosco, ma più ancora l'aver in comune la stessa scintilla, il «divino» per Lévinas, pur avendo ciascuno il proprio *daimon*, il proprio compito nel mondo.

Tutto questo è possibile quando riusciamo ad andare oltre la nostra personalità e quella dei genitori vedendo noi stessi e loro come parte di un'unica umanità, ciò che altri chiamano il vero Sé.

Nelle famiglie ad alta grammatura narcisistica questo passaggio faticherà ad accadere. I genitori penseranno ai figli come propaggine di sé e per questo rischieranno di schiacciarli, di non vederli, di chiedere loro in modo implicito: «Fammi luce, dammi lustro». Senza alcun rispetto, restando imprigionati in un Falso Sé, come direbbe Winnicott.

Al contrario, in un rapporto funzionale, i conti verranno pareggiati quando, nel profondo, si sarà in grado di compiere questo passo evolutivo, mutando le relazioni Io/esso in relazioni Io/Tu in cui ci si sente e ci si considera tutti persone, nel rispetto e dignità reciproci.

Nei casi in cui pare impossibile che genitori e figli, o familiari, possano incontrarsi in un reale e reciproco riconoscimento Io/Tu, il suggerimento è di farlo in silenzio dentro di sé, lasciando andare le zavorre e i detriti inutili.

Se quel trauma ora non sta più accadendo, ti invito nel momento presente. E ti propongo di guardare tutto da qui, adesso. Forse ciò che ti libera è lasciare a terra il peso e il dolore, che ti trascini come un fardello, per qualcosa che non hai fatto tu.

Se ci si sente frantumati in maniera irreversibile, occorre cercare di ricomporre la propria unità per se stessi, non per l'altro, facendolo con un valido aiuto di un professionista esperto nello studio della psiche umana.

Per saldare finalmente i debiti e azzerare i crediti.

Viaggiando attrezzati, leggeri e liberi da quel fardello. Prendendo infine il proprio sentiero.

Vediamo in pratica, intanto, come si può iniziare a prendere in considerazione questo passaggio.

Tornare a casa

Abbiamo parlato di come Murray Bowen sottolinei l'importanza del tornare a casa con la valigia, e attraverso questo atto simbolico riportare indietro ciò che non ci serve e tenere quello che ci sarà utile nel mondo. Questa metafora è molto calzante ai fini della nostra conclusione. Anche se una persona è uscita di casa sbattendo la porta, fino a quando non riuscirà ad attuare processi di riparazione, riconciliazione e ristrutturazione, nella propria psiche non potrà mai lasciare davvero la famiglia di origine.

Nel processo di diventare chi siamo, molto spesso è necessario e sacrosanto allontanarsi da casa, in senso fisico e figurato. E mettere in discussione le idee, le credenze, le pratiche, le usanze. Ma è altrettanto essenziale fare un inventario di cosa – e come – ci è stato dato in dotazione, e infine fare una cernita. Per poter cambiare, divenire persone complete, è opportuno analizzare i propri ingredienti, collocandoli in prospettiva anche trigenerazionale, come suggerisce Bowen, per comprenderli. E poi proseguire, aggiungendo il nostro contributo.

Per esempio: se siamo cresciuti in un ambiente che reprimeva le emozioni, in cui era vietato mostrarsi fragili, è probabile che continueremo a comportarci così con noi stessi e che lo faremo anche con i nostri figli. Se non ne siamo consapevoli, agiremo senza farci caso, ma questo alla lunga ci porterà disagi.

Pertanto, una volta compreso che non ci serve nascondere al

mondo le nostre emozioni, in un ipotetico viaggio di ritorno a casa possiamo depositare la paura di esprimerle, lasciandola al mittente. E decidere in autonomia e leggerezza che se ci viene da piangere, piangiamo. (A proposito, vi siete mai chiesti dove vanno a finire le lacrime non versate? E avete notato quante volte ci scusiamo se ci viene da piangere in pubblico? Perché dovremmo?)

Ogni emozione ha la sua dignità, come ci insegna con semplicità il film della Disney *Inside Out*.

Suggerisco spesso ai miei pazienti di stare in ascolto delle emozioni, invece di scartarle, soffocarle o fingere che non esistano. E poi, se sono emozioni intense (l'aggettivo «negativa», riferito a un'emozione, è un'espressione impropria e già di per sé giudicante), piuttosto che rovesciarle su qualcuno esplorare cosa ci suggeriscono, dove ci portano.

Risignificare e ristrutturare i nostri condizionamenti implica vedere ciò che ci è stato installato come programma: in questo caso «non mostrare le tue emozioni». Senza accorgerci di aver interiorizzato quel comandamento, in pubblico ci scuseremo all'infinito se ci salgono le lacrime agli occhi. Senza nemmeno domandarci se sia giusto o meno, lo faremo e basta, tutti protesi a perpetuare il mito familiare, che è probabile sia «Noi Rossi siamo fatti così, ci teniamo sempre tutto dentro».

Iniziamo quindi a fare amicizia con le emozioni (o con ciò che ci è stato vietato). Cosa possiamo fare con quella tristezza? Se sentiamo rabbia, dove ci conduce? Come possiamo esprimerla non direzionandola verso gli altri ma restando «al sicuro»? Di solito ai pazienti, e ai partecipanti ai miei corsi in presenza, suggerisco vari esercizi di questo genere, derivati dal mio percorso in Terapia Bioenergetica e da anni di pratiche di meditazioni dinamiche.

Siamo spaventati dal tema delle emozioni perché pensiamo

che provarle significhi litigare, oppure temiamo di interagire con le persone da quello spazio. Ma le emozioni vanno sentite dentro di sé, non scaricate come una doccia aggressiva sull'altro. Magari possiamo usarle come forza propulsiva per cantare o correre, per esempio.

La cultura imperante ci vede tutti scattanti e pimpanti, e invitati a scusarci se ci mostriamo umani. Per quale ragione?

È doveroso anche sottolineare che è attuale un fenomeno in controtendenza sui social: esibire emozioni, traumi, però a favore di telecamera, sia ben chiaro. Facendo a gara a chi spettacolarizza di più una malattia, un evento tragico. E lo si definisce «normalizzare».

No. Qui non sto proponendo niente di tutto questo.

Il suggerimento è quello di incontrare le tue emozioni perché serve a te. Per farci i conti e modificare così il frattale.

Ho usato le emozioni come esempio, ma questo processo vale per ogni tema che ci condiziona la vita e ci impedisce di essere noi stessi.

Tornare a casa, quindi, assume un significato a mio avviso più ampio: vuol dire riconoscere e onorare il proprio bosco di appartenenza, avvalorandone i doni, e aggiungendo il proprio contributo.

La tua valigia

I terapeuti sistemici portano la valigia in terapia e propongono di vagliare tutto ciò che portiamo nel mondo grazie alla nostra famiglia e lasciare, come abbiamo detto, lì le zavorre. Questa pratica ha una forte portata di guarigione.

Durante un incontro in una scuola dove sono stata invitata a parlare di relazioni, una ragazza di sedici anni mi ha fatto una domanda molto importante: «Dottoressa, quanto dolore siamo in grado di sopportare?»

La risposta mi è venuta di getto: «In proporzione a quante tonnellate di sofferenza hai visto sopportare da chi ti ha cresciuto. Se tua mamma per esempio soffriva senza ribellarsi in una situazione dolorosa per lei, purtroppo in maniera spontanea ti verrà naturale accettare condizioni simili».

Guardarsi negli occhi, vedersi e riconoscersi a vicenda come umani tra genitori e figli, separando ciò che è di ciascuno, è un passaggio di consegne prezioso. Permette non solo di individuare i fardelli impropri portati per amore cieco, ma consente anche alla famiglia tutta di vedere le proprie ricchezze e risorse.

Voglio sottolineare questo passaggio: della famiglia non ci portiamo appresso soltanto le sciagure. Ereditiamo anche insegnamenti, risorse e strategie di sopravvivenza. Pensiamo ai nostri antenati che, attraverso una staffetta preziosa, hanno portato avanti la vita, arrivata fino a noi.

Facciamo insieme questa visualizzazione.

Figuriamoci un figlio che fa ritorno a casa con il suo zaino, riportando quanto si era caricato sulle spalle di non suo. E prima di ripartire e riprendere il proprio sentiero, il padre e la madre dichiarano ciò che gli regalano di sé, perché lo accompagni: una sorta di benedizione laica. Allo stesso tempo, il figlio riconosce il proprio contributo che lascerà in cambio ai genitori, potendo avventurarsi poi nel mondo, riconoscente e consapevole.

Alla fine di questa procedura, sia che sia stata immaginata o agita dentro a un vero *setting* terapeutico, la famiglia farà i conti con una serie di pesi devoluti, di doni riconosciuti e dati. E così, finalmente, genitori e figli potrebbero scambiarsi un lungo abbraccio, da uno spazio Io/Tu, in cui arrivino a vedersi come persone, esseri umani.

La pratica della valigia (o dello zaino, per Canevaro) dei

terapeuti sistemici è molto commovente. Io stessa, quando immagino di poter dire queste cose ai miei genitori (che non ho più) mi emoziono.

L'onorarsi con rispetto reciproco è una delle cose più nutrienti che possa accadere in famiglia.

Ricordiamolo: il rispetto è la cura.

Se durante la lettura di questo scritto sei riuscito a identificare nodosità irrisolte con la tua famiglia, con grande probabilità queste si ripresenteranno nelle relazioni attuali. Le porterai, come abbiamo detto, al partner che incontrerai perché te le aggiusti.

Molte persone riferiscono di sentirsi in colpa nello smettere di supportare, salvare i genitori, o ripetere le loro sorti, tradendo così il proprio sistema. Il senso di colpa indica una mancata assunzione di responsabilità: se non riusciamo a distinguere ciò che è nostro da ciò che non lo è, resteremo prigionieri dello schema.

Il dolore, o le azioni compiute dai genitori, e dagli avi, appartengono a loro. Non serve che, per sentircene parte, continuiamo a perpetuarli. Facciamo parte lo stesso, anche se aggiungiamo una nuova modalità.

Se riusciamo a saldare i debiti e bilanciare i crediti, sentiremo che nel cuore, dove si erano inabissate le ferite, il dolore lascerà spazio alla leggerezza.

Questo processo è necessario per potersene andare.

Bisogna però prestare attenzione a non sentirsi migliori o peggiori di chi è venuto prima di noi, perché questo non ci porterà libertà. Ciò che rende davvero liberi non è il senso di superiorità, ma il sentirsi parte di un'umanità che ci accomuna *tutti*, senza distinzione.

Vai e scova l'amore. Poi, mettilo nella tua valigia.

Se è un amore sereno e gioioso sarà un piacere, sarà facile.

Se nella tua famiglia l'amore era muto e nascosto, riconoscilo, stanalo e prendilo. Molto spesso il cuore si indurisce per il dolore o la paura. O è un cuore senza alfabeto.

Tu, che adesso sai, va' a disseppellire quell'amore: troverai uno scrigno con dei tesori. Fidati, te lo prometto.

Non fosse altro che uno solo: la vita.

Se hai un cuore sofferente per le troppe traversie familiari, forse sentirai delle resistenze. È naturale. Vorrei tuttavia rincuorarti: il dolore può prendere altre forme, può essere lavorato, levigato, trasformato, e le cose possono cambiare. Non sarà sempre così. Le famiglie non sono solo cumuli di ombre: seppur ognuna abbia in seno detriti e crepe, è anche una fucina di vitalità e creatività.

Porta tutta la tua storia nel cuore, così com'è, accetta tutto quello che scopri, senza desiderarlo diverso. Il passato è già accaduto, non puoi più farci nulla, se non dire: «Questo è». Se i tuoi genitori avevano spine nel cuore, quelle potevano darti.

Sospendi il giudizio, se puoi. Accogli.

Col cuore guarito, sei pronto a proseguire verso il tuo futuro. Come se fossi una persona nuova, pronta a spiccare il volo.

La vita si manifesta come un gioco dell'oca tortuoso, dove taluni crescono a pane e allegria, altri a pane e dolore, tristezza o furore.

Qualunque sia o sia stata la tua esperienza, è quello che decidi di crearci da adesso in poi che farà la differenza.

In ogni caso, sei qui, sei nato, sei comunque cresciuto. E hai con te il tuo scrigno.

Per quante cose ti siano accadute nella tua famiglia, sei arrivato fino a questo momento presente, grazie al tuo bosco, grazie al tuo albero. Percepisci ogni persona venuta prima di te, dietro di te: questo ti darà forza.

Ora tocca a te.

#Quadro n. 9

Ora tocca a me

Della morte di mio papà per vecchiaia sono venuta a conoscenza in maniera molto traumatica e triste. Quando era già stato sepolto. Per me è stato uno shock. Ho impiegato anni a elaborare non solo il lutto, ma anche le circostanze. Mi è stato d'aiuto pensare che io non ero responsabile di non aver saputo. E ora mi sento in pace.

Mia madre, a ottantatré anni, ha dovuto subire un'operazione alla colonna vertebrale. «Per poter camminare meglio», diceva il medico, un luminare della neurochirurgia. Invece, da quella sala operatoria mamma è uscita su una sedia a rotelle. E ci è rimasta cinque anni, fino a spegnersi.

Mia nonna materna in vecchiaia ha sviluppato il diabete, che l'ha portata alla cecità, ed è rimasta anche lei seduta per anni, fino alla morte.

Così, so di appartenere a una stirpe di donne «sedute», e per mestiere ascolto le persone stando seduta.

Ho sempre avvertito un'ambivalenza verso questa staticità da parte del mio ramo materno. Mia mamma in realtà era andata molto lontano, fino in Brasile, migrando in un'epoca difficile. Pensandoci bene, però, io l'ho vista seduta e pensierosa tutta la vita, anche se amava ballare il valzer e aveva un'intelligenza «mobile», vivace e profonda. Con questo stare seduta in contemplazione so che dovrò fare i conti tutta la vita. Tocca a me cambiare il frattale.

Una volta ho sottoposto questo copione sistemico a un'eccellente terapeuta brasiliana con cui ho fatto un unico incontro online. «Stai contrastando e giudicando le donne della tua famiglia, sai bene che solo quando accoglierai l'essere uguale potrai aggiungere la tua parte, agendo in modo un po' diverso. Invece di giudicarle, guarda quanta forza ci vuole a restare cieca e ferma, e quanto coraggio è necessario per vivere cinque anni su una sedia a rotelle. Pensa a quanto queste donne hanno compreso della vita», mi ha detto.

Lì per lì sono rimasta un po' sorpresa da questo rimando, che ho capito solo tempo dopo: dignità, accettazione e umiltà sono il lascito delle donne della mia famiglia.

Ho accolto lo scrigno e ne faccio tesoro.

La notte in cui mia madre si è spenta ero presente. Era l'11 agosto, nella mia vita tutto accade sempre il giorno 11. In quella notte di veglia c'eravamo io e il suo compagno, Pino. Lui non dormiva e la guardava respirare male: le è rimasto accanto fino all'ultimo secondo. Mi ha detto: «Stenditi un po', sto qua io».

Sono andata in sala, nella casa della mia adolescenza, e mi sono sdraiata su quel divano dove avevo vissuto mille emozioni da ragazzina.

Mi sono addormentata di un sonno semplice, profondo, accogliente. Avrò dormito mezz'ora.

Non sono credente, ma coltivo una spiritualità che va oltre ogni fede religiosa. Quello che è accaduto non so spiegarlo in termini scientifici o razionali, forse qualcuno la chiamerebbe allucinazione.

Non so.

So che mi è successo e la considero una fortuna: ne sono talmente grata che ogni volta mi commuove pensarci.

Mi sono svegliata di soprassalto e ho sentito come un calore morbido che mi avvolgeva il collo, un fruscio, un sussurro, un sentimento puro, immenso e struggente. In quel momento ho faticato a riconoscerlo, e mi ci è voluto qualche secondo per capire.

Nello stesso istante ho sentito la voce di Pino che mi chiamava: «Vieni, la Merina non respira più».

Ora so che quello era un abbraccio, un saluto pieno di amore. Io quell'amore lo risento addosso ogni volta che ci penso, e non lo dimenticherò mai.

Mi sono alzata, forte di tutto quell'affetto che mi aveva appena investita e con la consapevolezza che del mio albero di origine, sebbene senta di averlo tutto dentro di me, qui su questa Terra restavo solo io.

Il funerale di mia mamma è stato bellissimo.

Sono venute a darle un ultimo, sereno saluto tante persone, oltre ai miei più cari amici e amiche. Mia madre voleva la banda, e adorava il valzer. E così è stato. Ricordo il cielo pieno di cirrocumuli mentre camminavo a fianco a mia figlia Irene e le dicevo che c'era tanta bellezza in quel momento, proprio come era bella mia madre.

Non c'è giorno che non pensi ai miei genitori e li ringrazi. Parlo tantissimo con mia mamma, nel nostro modo per comunicare. Spesso le dico: «Lo so, ora tocca a me».

Post scriptum
In India

Ho scritto gran parte di questo libro in India, dove ho soggiornato per due mesi.

C'era bisogno di andare fino là per scriverlo?

È una domanda legittima che mi sono sentita fare per mesi. Tant'è: per me sì.

Cioè, mi spiego.

Per poter trovare concentrazione ho bisogno di staccare da tutto ciò che è quotidiano (forse è un mio limite, ma per ora è così). Inoltre, sono arrivata a pezzi alla fine del tour di presentazione del mio libro precedente. Sull'onda dell'entusiasmo ho accettato inviti che, per conservare la salute, avrei dovuto declinare (anche se ho dovuto comunque dire di no a due terzi di quelli arrivati). Attraversare l'Italia e incontrare le persone, scoprire nuove città è stato bellissimo, ma in piena estate con un caldo torrido il corpo ne ha risentito. Le presentazioni sono continuate per tutto l'autunno, in un turbinio di situazioni piacevoli che tuttavia, così ravvicinate, si sono rivelate impegnative. Ho cambiato talmente tanti posti, ho dormito in così tanti alberghi differenti che arrivata a un certo punto, al mattino, svegliandomi, dovevo fare mente locale per capire dove fossi. È una mia caratteristica: tendo a essere ingenua ed entusiasta, sopravvalutando le mie risorse per poi ritrovarmi, ahimè, senza energie.

Devo ricordarmi di ricordarmelo.

A ottobre è arrivata la proposta di questo secondo libro che ho accettato con gioia. Avevo ancora tante cose da condividere.

Così, ho deciso di rifugiarmi in un villaggio sperduto sulla costa orientale dell'India, dove ero già stata altre volte a fare un percorso ayurvedico, un toccasana per mente, corpo e spirito. Unendo il bisogno di rigenerarmi con il desiderio di ritirarmi, seguendo la mia sete di altrove. In passato ci ero andata con mio marito, tranne una volta in cui ero partita da sola, dopo la fine del mio dottorato, per ristabilirmi da un'altra grande fatica.

L'ayurveda mi aveva molto aiutata in precedenza, perciò ho concordato con la mia famiglia la gestione degli animali domestici durante la mia assenza di due mesi e sono partita.

Lo consiglio a chiunque? No. Questo va bene per me. Il processo di purificazione ayurvedico è molto impegnativo, si cambiano radicalmente le abitudini alimentari, si utilizzano intrugli, impiastri, unguenti per massaggi e applicazioni di preparati a base di erbe. Insomma, occorre valutare e informarsi molto bene prima di intraprendere tale percorso. E fare le dovute considerazioni: suggerisco di non intraprenderlo a cuor leggero, non è una passeggiata.

Avevo trovato il «mio» villaggio ayurvedico anni fa, prima della pandemia. Volevo andare al mare quando qui era inverno, conoscere una cultura diversa e occuparmi della mia salute. E così è stato anche stavolta.

Inoltre, quale luogo migliore per scrivere della famiglia se non in India, dove la famiglia è sacra?

Il mio ritiro ha coinciso con le festività natalizie, una soluzione senz'altro controcorrente viste le tradizioni italiane;

ma, pur a denti stretti, la mia famiglia non ha opposto grosse resistenze. Il viaggio, per noi, è parte fondante del sistema (i miei genitori hanno aperto la strada, pertanto nel nostro mito familiare viaggiare si può. E fa bene).

In ogni caso, mia la scelta di partire da sola, mia la responsabilità.

Sebbene non sia stato facile, questo soggiorno mi ha dato l'opportunità di comprendere ancora una volta e meglio alcuni dettagli tipici della nostra cultura, ed è servito immensamente anche a me per guardarmi dentro.

Per vedere bene da vicino, talvolta occorre andare molto lontano.

E io l'ho fatto.

In antropologia è noto che per capire la propria cultura è necessario immergersi in un'altra: le differenze diventano immediatamente salienti, mentre, se vi siamo intrisi, notarle diventa molto difficile.

Un pesce non sa di vivere nell'acqua fino a quando non ne esce.

Un pugno in faccia

Quando arrivai la prima volta in India c'era una folla silenziosa fuori dall'aeroporto. Persone composte che aspettavano qualcuno, senza emettere alcun suono.

Mi colpisce sempre la capacità di aspettare di questo popolo. C'è una pazienza dentro al loro sguardo che noi occidentali sembriamo non conoscere. O forse è molto più di semplice pazienza, è accoglienza della vita così com'è.

L'India è un libro interessantissimo da cui imparare l'umanità. Essa vi è rappresentata tutta, senza esclusioni. Non conosco altro luogo dove gli opposti coesistano e convivano in maniera così paradossale, sfrontata, sfacciata. Quando vivi per un po' in India, inizia a sembrarti naturale essere all'improvviso aggredito dalla vita con tutti i cinque sensi. Cibi speziati sono veri concerti per le papille gustative; monumenti e templi pieni di fiori e luci deliziano lo sguardo; profumi inebrianti di incensi e oli ti avvolgono e stordiscono. I suoni della natura si fondono con quelli dei clacson dei bus e dei tuk-tuk. Le mani possono accarezzare sete preziose e pregiate.

Tuttavia, l'immagine romantica scompare di colpo, lasciando il posto alla realtà: fetore di pattume e plastica bruciata; case di una borghesia agiata a fianco di catapecchie fatiscenti; mendicanti scalzi e moribondi che dormono per terra, non avendo altro posto in cui andare, mentre donne bellissime avvolte nel loro sari sembrano fluttuare loro vicino con armonia ed eleganza.

L'India per me si riassume in un pugno in faccia e una carezza sul cuore.

La religione è sacra. Non importa il credo, ciò che conta è coltivare la dimensione spirituale, che viene rispettata da tutti. *God is one.* E anche in questo caso, chiese e templi sono frequentati da una moltitudine in cerca di aiuto, di benedizioni. Rituali votivi, *puja*, preghiere, altarini, tutto pur di praticare: essere ateo è la cosa più assurda per un indiano.

Sono stata a diversi festival hindu. Nei templi, c'è il rituale di lanciare contro un lavatoio una noce di cocco, come auspicio. Se il cocco si rompe, il tuo problema sarà risolto, dicono. Ho lanciato il mio primo cocco, ma non si è frantumato. Non sono allenata. Poi sono tornata ancora, ho comprato vari cocchi, riuscendo a romperne alcuni.

Molto spesso, guardando le persone che lì vivono con poco o nulla, nella loro essenzialità e semplicità, ho pensato sorridendo di avere molti più problemi di loro.

Quattro stracci

Quattro stracci sono quelli che ho portato con me quando sono partita. Sapevo che non mi sarebbe servito altro. Ho messo in valigia pochi indumenti e un paio di ciabattoni color magenta. Tanto, volendo, avrei potuto farmi fare abiti su misura dai mille sarti che espongono vestiti e stoffe colorate ovunque, invitanti, sorridenti. Loro, d'altronde, per vestirsi usano un pezzo di stoffa: il sari con cui le donne si fasciano è lungo sei metri, gli uomini stanno spesso a torso nudo o indossano il *dhoti*, una specie di tovaglia attorno ai fianchi, e la camicia. Le donne più moderne indossano il *churidar*, tunica e pantaloni.

Quattro stracci sono anche quelli che talvolta il mare arabico forte e tempestoso restituisce durante le mareggiate. La maggior parte degli indiani non sa nuotare. Né si mette in costume. Si gettano vestiti tra le onde fortissime, perdendo indumenti, talvolta lasciandoci la pelle. Quando c'è una certa marea, sulla sabbia rimangono grovigli di abiti, scarpe, oggetti che, tutti attorcigliati, formano strane statue di stoffa colorata, composte appunto di stracci lacerati e intrecciati dal mare. Sembrano sculture, e raccontano una storia che sono venuta, ancora una volta, ad ascoltare.

Room 303

Il mio soggiorno in India questa volta è durato otto settimane. Tutto dicembre e tutto gennaio.

Nel villaggio ho visto arrivare e partire molti turisti che vengono ogni anno a fare le cure ayurvediche. Raro che qualcuno si fermi così a lungo come ho fatto io.

Quando sono all'estero, cerco di evitare le comitive di italiani. Preferisco immergermi nella cultura del posto, assaggiarne i cibi, stare con le persone che vivono lì, imparare qualche parola, chiamarli per nome. Ho evitato il più possibile di relazionarmi a connazionali chiassosi, che urlano al telefono senza nessun rispetto, che fanno gruppo tra loro e nemmeno sanno come si chiama chi gli fa i massaggi.

A me piace contaminarmi.

Perciò, nei due mesi in cui sono rimasta, ho cercato di passare più tempo possibile con le persone del posto, e ascoltare le loro vite. E più stavo con loro, più mi sembrava così fuori luogo chi, non comprendendo il contesto, si comportava come fosse in Italia.

Mi è stata assegnata la stanza 303, con un balcone che si affaccia sul giardino interno del villaggio. Seduta lì fuori, ho passato mattine e pomeriggi a scrivere questo libro, tra una zuppa di riso, un massaggio Shirodhara con le gocce di olio caldo fatte colare dolcemente sulla fronte e un impiastro di *amla* e *neem* sui capelli.

In totale solitudine, che ho amato quasi sempre.

Man mano che passavano i giorni, calava dentro di me un silenzio prezioso. Con i locali comunicavo a gesti, sguardi, cenni. Bellissimo.

Dal mio balcone potevo osservare la vita del villaggio, e chi ci lavorava. Ho subito notato la signora Foglia, che ho poi scoperto chiamarsi Rosemary: spazzava ogni giorno il vialetto pieno di foglie e fiori sotto la mia stanza, con una mano dietro la schiena, piegata in avanti. Le scope non hanno il manico, sono ciuffi di saggina, per cui si deve pulire stando molto bassi.

Altre mattine la vedevo accucciata nell'erba, o seduta su un secchio, mentre frugava attentamente selezionandone con cura ogni filo, strappando quelli infestanti. Quando mi spazientivo perché la scrittura non fluiva la guardavo, totalmente presente nel suo compito. La signora Foglia mi insegnava cos'è la presenza, la dignità. Credo che il suo lavoro, dalle sei del mattino alle sei di sera, venga retribuito nemmeno cento euro al mese. Ma lei rimaneva sempre serafica, sorridente, presente a se stessa. Quante volte mi sono sentita stupida litigando con la tastiera del computer, o imprecando perché un'e-mail non partiva. Lei, di certo, di molte delle cose che io chiamo «problemi» riderebbe di gusto. E ora un po' ci rido anch'io, se ci penso.

Sunil, invece, è il signore che ha pulito la mia stanza per due mesi. È un uomo piuma, alto una spanna, leggero e silenzioso come un acrobata. Lavora anche quattordici ore al giorno, mangiando il minimo e parlando anche meno. Guardarlo lavorare mi incantava. Ogni suo gesto era gravido di silenzio e presenza. Di cura. Toccava gli oggetti come se fosse in uno stato perenne di meditazione. Riservato, vestito di dignità, Sunil non solo ha tenuto in ordine le mie poche cose: ogni giorno mi ha dato anche lezioni di rispetto e onestà. Io gli sono immensamente grata. Lui non lo sa, ma per me è un maestro.

Con le mani

Quando arrivi in questo villaggio ayurvedico, i medici che lo gestiscono ti assegnano delle *therapists*, massaggiatrici che ti faranno i massaggi per tutto il soggiorno. La mia *main therapist* si chiama Usha. Non è hindu, è cristiana, appartiene alla Chiesa della Pentecoste. Ora, può venire spontaneo chiedersi come mai in India ci sia la Chiesa luterana. È perché i tedeschi ne hanno colonizzato alcune parti e hanno lasciato le loro tracce. Fatto sta che Usha, a sua insaputa, è stata per me in quei due mesi una guida spirituale. Oltre ad avere mani che massaggiano corpi da venticinque anni, Usha ha un modo di essere che mi ha incuriosito.

Dai suoi racconti percepivo che possiede pochissimi oggetti, e altrettante poche sovrastrutture. Conduce una vita semplice, facendo tutto a mano, come la maggior parte delle donne che vivono lì. Lavare, impastare, cucire, lo fanno senza usare attrezzi: a loro bastano le mani.

Per questa ragione, a me sembrano ricchissimi.

Quasi nessuno ha il frigorifero. Però hanno la televisione.

In questa parte dell'India il clima è gentile, la natura generosa. Nessuno muore di fame. Pesce, frutta e verdura non mancano. Hanno tutti una casa, sebbene spoglia. In genere, a meno che non siano molto benestanti, non dormono su letti e materassi, ma perlopiù su stuoie per terra. Non hanno lenzuola, ma teli al bisogno. Per cuocere fanno un fuoco all'aperto, tra due mattoni.

Di solito cucinano a notte fonda. Si alzano molto presto, verso le quattro del mattino. E friggono verdure per preparare il curry. Spesso venivo svegliata nel cuore della notte da un odore improvviso e asfissiante di cipolle fritte proveniente dalle case confinanti col villaggio ayurvedico, restavo lì nel dormiveglia chiedendomi: Chi me l'ha fatto fare?

Per questi accadimenti imprevisti, l'India ha anche una comicità surreale che nasce dalle sue contraddizioni.

Con Usha spesso parlavo di Dio. Una volta le ho chiesto di dirmi cos'è Dio. Lei, senza esitare, mi ha risposto: «Dio è amore, è pace. È ogni cosa, è dappertutto». Al mio domandarle come si spiegano allora la povertà e le difficoltà della vita, lei impassibile ha risposto con semplicità: «Ci sono persone che accumulano gli averi. Io ho una famiglia grande, Dio mi dà la forza di sostentarla». E ha continuato a farmi il massaggio.

Un altro giorno, parlando di noi occidentali che arriviamo tutti malmessi, intossicati e sovrappeso a farci curare con l'ayurveda, mi ha guardata e mi ha detto una frase che, se amassi i tatuaggi, mi scolpirei sulla pelle per ricordarmela: «*It's your body, it's your life*». L'essenzialità di questa affermazione racchiude, per me, una grande verità: in India la maggior parte delle persone sa bene che spesso tutto ciò che ha è il proprio corpo, da preservare e custodire in salute. Cosa che noi spesso dimentichiamo, dandolo per scontato, abusando delle nostre risorse fisiche. Spendiamo denaro per rovinarci la salute e poi ne spendiamo altrettanto per tentare di riparare. E poi da capo.

Confusione

Una notte, girandomi nel letto, ho avuto una vertigine fortissima e gli occhi hanno tremato. Ho saputo dopo che si chiama «nistagmo». Una sensazione orrenda che mi ha spaventata. Mi sono sentita un'incosciente ad andare così lontano da casa da sola, alla mia età, in un posto remoto, non proprio all'avanguardia per le strutture ospedaliere. La presenza dei tre medici nel villaggio mi ha subito rincuorato. Mi hanno dato mille intrugli. In quel momento mi sono sentita fragile, come in tanti altri momenti in quei due mesi.

Una sera ho detto che ero triste alla dottoressa Anju, una delle persone più dolci ed empatiche mai conosciute. Lei, dopo avermi visitata con cura, mi ha guardata e con sincerità mi ha risposto: «Perché sei triste? Va tutto bene qui, adesso, in questo posto. Cosa c'è da essere tristi?» Io ho provato a balbettare che mi mancavano la mia famiglia, la mia casa, la mia cagnolina, il mio gatto. Ma le parole mi sono rimaste a metà.

In quel momento non c'era niente che non andasse. Era la testa che vagava avanti e indietro in cose che NON stavano accadendo. Ho ringraziato e sono tornata in camera sorridendo.

Da sola?

Non mi sono quasi mai sentita sola, quando ero sola in India.

I momenti in cui ho sentito che mi mancavano persone o cose era perché mi mancavo io.

L'India ti tira fuori tutto quello che sei, in ogni momento. Se hai dentro pace ti troverai in paradiso, se sei all'inferno da lì non scappi. Non ci sono molte distrazioni e scappatoie.

Il mio soggiorno si è rivelato anche un profondo viaggio interiore, in cui talvolta ho incontrato i miei fantasmi: ho cercato risposte che ho trovato solo dentro di me. Ho sentito fiducia nella vita, nelle mie radici, e ho portato tutto quello che ho scoperto nello spazio del cuore, per poterlo accogliere. Ho compreso che solo così si può guarire davvero: quando riconosci quello che sei in ogni momento, senza voler essere diverso, senza giudicarti. Riuscendo comunque a dire di sì a te stesso, anche quando quello che vedi di te non ti piace. Rinunciando a quell'immagine idealizzata di te, libero dalla trappola dell'illusione della perfezione.

Riconoscenza

AMO leggere i ringraziamenti degli autori quando finisco un libro. Ritengo che lì ci sia, quasi sempre, quello che io definisco «il punto di verità» di uno scrittore. L'autenticità onesta di chi, arrivato a fine progetto, si volta indietro e riconosce l'aiuto di chi l'ha sostenuto in un viaggio che spesso è fatto di solitudine, notti insonni, appunti presi su fogli sparsi. Nel mio caso, anche sulle mani, sui pacchetti di biscotti, o sui fazzolettini da naso.

Mi piace pensare ai ringraziamenti come riconoscenza. Riconoscenza è più che gratitudine. È dire a qualcuno: io ti vedo, ti riconosco e ti sono grato.

Perciò voglio esprimere con tutto il cuore la mia riconoscenza:

Alla mia casa editrice, per avermi proposto con entusiasmo questo secondo progetto (Stefano Peccatori e Virginia Ponciroli non hanno fatto nessuna fatica a conquistarmi una sera a Como, in un ristorante chiccoso, con un ottimo calice. Vi piace vincere facile. A Virginia sono riconoscente anche per aver suggerito un tocco finale a questo libro, necessario e prezioso. Grazie).

A Cecilia Mastrogiovanni, per la disponibilità, e per avermi accompagnata in un editing «gentile».

Alla mia agente Maria Cristina Guerra, per avermi detto una frase bellissima, di quelle che ti servono quando navighi in un mare di dubbi e incertezze: «Lo dico in silenzio, questo libro mi piace quasi più del primo».

Al mio team di preziosi collaboratori, senza di loro il mio lavoro non sarebbe così ricco: Manuela Aramu che cura la newsletter, è l'illustratrice della copertina del primo libro e ha fatto un lungo studio grafico anche per l'immagine di questo secondo. Katia Donato, la mia webmaster. Doris Corsini, di cui non saprei fare a meno. Antonella Suvaj Iannariello, per portare meditazione e presenza nei miei corsi. Nel mio team includo anche due meravigliosi esseri a quattro zampe: Loulou ed Enrico, portatori di amore nella mia vita. Senza di loro non sarebbe la stessa.

Alle lettrici e lettori della mia community che mi accompagnano con tanto affetto: il confronto e il dialogo con loro ogni giorno mi aiutano a riflettere e a restituire le mie intuizioni.

A Marta Bellesso, per il rispetto e il cuore con cui ha letto il manoscritto.

A Cristina Penco, per avermi incoraggiata con entusiasmo dopo aver letto la prima stesura.

A Umberta Telfener, lei sa perché.

A Francesca Treccani, mio eccezionale comitato scientifico attivo h24. Grazie per aver letto con cura, e per la conoscenza di tutto lo scibile sistemico.

A Mirko Dolfi, per la preziosa consulenza filosofica.

A Ni, per avermi dato un feedback piangendo dalla commozione, dopo aver letto le bozze, toccata da quanto c'era scritto. E per avermi chiesto: «Quando esce? È urgente, è un libro che salva».

A Gaelle, per l'amore che porta nella mia vita con la sua fresca e gioiosa amicizia.

A Federica e Paola, il gatto e la volpe di scorribande gioiose e profonde insieme. La loro compagnia allegra e sincera colora la mia vita.

Agli amici e amiche che mi aspettano e mi accolgono con lo stesso affetto di sempre anche se sparisco per mesi.

Alla mia famiglia: a Stefano che ha saputo starmi immensamente vicino anche se ero a 8.000 chilometri di distanza. A Irene e Aurora, con tutto il mio amore.

Al mio albero, alle mie radici, Francesco e Merina: senza di loro non sarei come sono e non saprei la vita come l'ho imparata, prima di tutto da lì.

PEFC
PEFC/18-31-226
Certificato PEFC
Questo prodotto è realizzato con materia prima da foreste gestite in maniera sostenibile e da fonti controllate
www.pefc.it

Sperling & Kupfer usa carta certificata PEFC
che garantisce la gestione sostenibile delle risorse forestali

GRAFICA VENETA
GV CARBON NEUTRAL

Questo libro è fabbricato da Grafica Veneta S.p.A.
con un processo di stampa e rilegatura certificato 100% carbon neutral
in accordo con PAS 2060 BSI

Finito di stampare presso Grafica Veneta S.p.A.
Via Malcanton, 2 – Trebaseleghe (PD)
Printed in Italy

Prova d'acquisto
978-88-200-7689